Crie Alegria
no Seu Trabalho

Marie Kondo
e
Scott Sonenshein

Crie Alegria no Seu Trabalho

*O Método KonMari
para Organizar a Sua Vida Profissional*

Tradução de
André C. Fernandes

Pergaminho

Título: Crie Alegria no Seu Trabalho – O Método KonMari para Organizar a Sua Vida Profissional
Título original: Joy at Work – Organizing your professional life
Autor: Marie Kondo e Scott Sonenshein
Tradução: André C. Fernandes
Editora: Joana Neves
Produção editorial: Fátima Sousa
Revisão: Fátima Sousa
Design da capa: Marta Teixeira
Execução gráfica: Bloco Gráfico, Unidade Industrial da Maia

Copyright © 2020, *by* Marie Kondo / KonMari Media Inc. and Scott Sonenshein
Esta tradução foi publicada por acordo com Gudovitz & Company Literary Agency e InkWell Management.
Copyright © 2020, da tradução e da edição portuguesas *by* Editora Pergaminho

Editora Pergaminho é uma chancela da Bertrand Editora, Lda.

www.pergaminho.pt

Todos os direitos reservados. Este livro não pode ser reproduzido, no todo ou em parte, por qualquer processo mecânico, fotográfico, eletrónico, ou por meio de gravação, nem ser introduzido numa base de dados, difundido ou de qualquer forma copiado para uso público ou privado – além do uso legal como breve citação em artigos e críticas – sem prévia autorização dos titulares do *copyright*.

1.ª edição, setembro de 2020
ISBN: 978-989-687-630-2
Depósito Legal: 471 904/20

Dedicado à minha família, à minha casa e a todas as coisas que me dão apoio e inspiram alegria na minha vida – com gratidão.
– M. K.

Dedicado à minha mãe e ao meu pai: finalmente aprendi a arrumar!
– S. S.

Índice

Nota para o Leitor.. 13
Introdução.. 15

1 | Porquê Arrumar?... 19
    Como Arrumar o Meu Espaço de Trabalho
    Transformou a Minha Vida 21
    Porque é Que a Arrumação Melhora
    o Desempenho Profissional................................ 23
    Serão as Pessoas Desarrumadas Realmente Mais Criativas? ... 25
    O Elevado Preço a Pagar pela Tralha Imaterial 28
    Arrumar Ajuda a Descobrir o Sentido das Coisas........... 30

2 | Se Volta Sempre a Cair na Desarrumação...................... 33
    Visualize a Sua Vida Profissional Perfeita 35
    Arrume Tudo de Uma Assentada
    e Nunca Terá Uma Recaída................................ 39
    Escolher o Que Guardar 43
    Crie Um Ambiente em Que Se Consiga Concentrar.......... 46
    Está Aberto o Seu Festival de Arrumação! 48

3 | Arrumar o Seu Espaço de Trabalho......................... 53
    Livros: Descubra os Seus Princípios Através da Arrumação.... 55
    Papéis: Deitar Tudo Fora É a Regra Básica 58
    Divida o Komono em Subcategorias 65
    Lembranças... 70
    Arrumar a Secretária 72

Como Arrumar Pode Mudar a Sua Vida........................ 74
A Experiência Marcante Que Mudou
a Vida de Mifuyu para Sempre................................... 76
De Arrumar os Aspetos Físicos a Arrumar
os Aspetos Imateriais do Seu Espaço de Trabalho............. 79

4 | Arrumar o Trabalho Digital...................................... 81
Não Precisa de Muitas Pastas para Guardar
os Seus Documentos Digitais.................................... 83
Use o Ambiente de Trabalho a Seu Favor....................... 86
Não Permita Que o E-mail Se Sobreponha ao Trabalho..... 86
Menos Aplicações, Menos Distrações............................ 95

5 | Arrumar o Tempo... 99
A Desordem nas Atividades Perturba o Dia 102
A Armadilha do «Sobrevencimento»............................... 103
A Armadilha da Urgência.. 104
A Armadilha da Multitarefa... 106
Faça Uma Lista de Tarefas para Descobrir
Qual É o Seu Verdadeiro Trabalho............................... 108
Avalie as Suas Tarefas para Tornar
o Seu Trabalho Mais Alegre.. 110
Não Diga «Sim» com Tanta Facilidade......................... 113
Uma Alegria por Dia.. 115
Deixe Um Espaço em Branco no Seu Calendário.............. 115

6 | Arrumar Decisões... 117
A Maioria das Decisões de Impacto Reduzido
não Merecem o Seu Tempo e a Sua Energia.................... 120
Crie Uma Pilha de Decisões de Impacto Médio e Elevado.... 121
Organize a Sua Pilha de Decisões 122
Arrumar Escolhas: Ter Mais Opções
Nem Sempre É Melhor.. 125
Uma Decisão Suficientemente Boa É Suficiente
na Maioria das Decisões.. 126

7 | Arrumar a Sua Rede de Contactos............................... 129
    Quão Extensa Deve Ser a Sua Rede de Contactos?............ 130
    Avalie os Seus Contactos para Identificar Relações
    Que Lhe Inspiram Alegria.. 135
    Como Forjar Relações de Alta Qualidade..................... 136

8 | Arrumar Reuniões.. 140
    Imagine a Sua Reunião Ideal....................................... 142
    Reúna as Suas Reuniões... 142
    Separe as Reuniões Desordenadas das Irrelevantes........... 144
    Participar em Mais Reuniões não Faz de Si
    Um Trabalhador Mais Valioso..................................... 146
    Qualquer Pessoa Pode Trazer Mais Alegria a Uma Reunião.... 147
    Conduzir Reuniões em Ordem.................................... 149

9 | Arrumar Equipas de Trabalho 154
    Visualize a Sua Equipa Ideal....................................... 157
    Faça Uma Pilha de Equipas.. 158
    Avalie a Sua Pilha de Equipas 159
    Não Meta os Seus Companheiros de Equipa
    em Trapalhadas.. 161
    A Confiança Mantém as Equipas em Ordem 162
    A Discórdia Nem Sempre É Uma Desordem 163
    Faça Uma Limpeza aos Conflitos Pessoais.................... 164
    As Equipas Grandes Costumam Estar Cheias de Tralha..... 166

10 | Partilhar a Magia da Arrumação................................. 169
    Deixe Que a Sua Arrumação Inspire os Demais............. 170
    Cuide do Seu Local de Trabalho................................. 172
    Estime os Seus Colegas de Trabalho 173

11 | Como Inspirar Ainda Mais Alegria no Trabalho 177
    Cuidar das Coisas Que Decidimos Guardar Melhora
    o Nosso Desempenho no Trabalho............................. 177
    Inspirar Mais Alegria no Seu Local de Trabalho 179

Deve Mudar de Emprego Se o Seu
não Lhe Inspirar Alegria?.. 183
Desfrute do Processo de Criar Uma Vida Profissional Feliz 185
Quando o Receio das Opiniões Alheias
É Uma Força de Bloqueio.. 188
Arranje Tempo para Fazer Reflexões Pessoais Honestas....... 191
Maneiras de Pôr o Trabalho em Ordem Enquanto Casal..... 193
O Seu Trabalho e a Sua Vida São Consequência
das Suas Escolhas 195
Manter o Equilíbrio Entre a Vida Profissional e Pessoal..... 198
A Alegria no Trabalho Inspira Alegria na Vida 200

Os Agradecimentos de Marie.. 203
Os Agradecimentos de Scott.. 207
Notas... 209

Nota para o Leitor

Apesar de termos colaborado em todos os capítulos, cada um dos escritores assumiu a responsabilidade de escrever metade deste livro. A voz de Marie pode ser lida na introdução e nos capítulos 1, 2, 3 e 11; o seu nome figura no cabeçalho das páginas de cada um desses capítulos. A voz de Scott pode ser encontrada nos capítulos 4, 5, 6, 7, 8, 9 e 10; da mesma forma, o seu nome figura no cabeçalho dessas páginas. Ao longo do livro poderá ainda encontrar caixas de texto com comentários do escritor que não redigiu o capítulo em causa.

As histórias e os exemplos descritos neste livro referem-se a casos verídicos e pessoas reais. Nalgumas destas referências, os nomes foram alterados em benefício da legibilidade do texto e para proteger a identidade de quem deu o seu testemunho.

Introdução

A sua secretária está permanentemente soterrada por uma pilha de papéis? *Raios! Onde é que terei deixado aquele relatório que preciso de entregar amanhã?*

Tem sempre infindáveis *e-mails* por abrir, por muito que se esforce por estar a par? «A propósito do *e-mail* que lhe enviei ontem...» *Mas de que raio de* e-mail *é que está a falar?*

A sua agenda está atulhada de reuniões com pessoas com quem nem sequer quer estar?

Passa os dias nisto porque algures no caminho se esqueceu do que realmente queria fazer?

Tem dificuldade em tomar decisões?

Tem dado por si a perguntar, *Será que a vida se resume a isto? Ir riscando tarefas de uma qualquer lista? Não haverá forma de repor a ordem no trabalho, na carreira, na vida?*

Se qualquer uma das situações que acima descrevo se aplica a si, só lhe resta uma solução: arrumar.

Este livro não lhe ensina apenas a arrumar o seu espaço de trabalho. Ensina-lhe a pôr em ordem tanto os aspectos físicos como imateriais do trabalho, tais como a informação digital, o uso do tempo, os processos de decisão, as redes de contactos, tal como lhe explica o que deverá fazer para que a sua carreira lhe inspire alegria.

Para muitas pessoas basta ouvir falar de arrumações para atirarem a toalha ao chão. «Não tenho tempo para isso! Já me basta tudo o que tenho por fazer!», protestam. «Tenho muitas decisões para tomar antes de poder sequer começar a pensar em arrumações», dizem umas, ao passo que outras afirmam, «Eu bem tentei. Arrumei todos os documentos, mas pouco depois já estavam todos desordenados outra vez».

Há muita gente convencida de que não *pode* ter alegria no seu trabalho. «Passo o dia em reuniões inúteis. Uma simples arrumação não pode fazer nada para mudar isso», insistem. «Além disso, há muito que não depende de mim. É impossível que o trabalho me inspire alegria». Contudo, na realidade, é precisamente uma cuidada arrumação que tornará possível que o trabalho nos inspire alegria.

Vivo fascinada com arrumações desde os meus cinco anos. Fui aprofundando conhecimentos ao longo do meu percurso escolar e, chegada aos dezanove anos, ainda aluna universitária, comecei a dar os primeiros passos como consultora doméstica. O Método KonMari é fruto da experiência acumulada a ensinar pessoas a fazer arrumações.

A minha abordagem assenta em duas vertentes distintas: é simples, mas eficaz, o que impede que tenha uma recaída na desarrumação; e faz-se servir de um método de seleção único – escolher aquilo que nos inspira alegria. Quando perguntamos a nós próprios se algo «inspira alegria?», estamos a ativar uma relação introspetiva e a descobrir o que é realmente importante para nós. O que daí resulta é uma mudança duradoura no nosso comportamento que devolve a nossa vida a um caminho positivo.

Apresentei este método no livro *Arrume a Sua Casa, Arrume a Sua Vida: A magia do método japonês para organizar o seu espaço e transformar a sua vida*. Traduzido para quarenta línguas, este livro terá vendido mais de doze milhões de exemplares. Ao longo dos últimos anos, tenho dedicado o meu tempo a divulgar este método por todo o mundo e, durante esse período, houve uma questão que me foi colocada recorrentemente: De que forma devemos organizar o nosso espaço de trabalho para que nos inspire alegria no trabalho?

A maioria das pessoas vê-me como uma especialista em arrumação de casas, mas não tanto como alguém capaz de emprestar essa mesma ordem a locais de trabalho, quanto mais a carreiras profissionais. E, contudo, quando trabalhava numa empresa japonesa, passava a maior parte do meu tempo livre a ensinar executivos a arrumar os seus escritórios, ao ponto de os meus próprios colegas me começarem a pedir conselhos. Aos poucos, essas lições improvisadas foram ocupando tanto do meu tempo no trabalho que acabei por tomar a decisão de me demitir para dar os primeiros passos na carreira de consultora doméstica independente.

Os consultores credenciados segundo o Método KonMari continuam a dar lições e palestras sobre a arrumação no local de trabalho. Partilham entre si um vasto conhecimento e muita experiência acumulada, o que lhes permite aperfeiçoar os ensinamentos em função do próprio processo de aprendizagem. Este processo torna evidentes as melhorias em que a arrumação do espaço de trabalho se traduz no que diz respeito ao desempenho profissional e à alegria sentida por quem trabalha.

Por exemplo, vários clientes registaram subidas de cerca de 20% no volume de vendas, um aumento de eficácia de tal ordem que não só lhes permitiu passar a sair do trabalho um par de horas mais cedo, como também os ajudou a reconsiderar o verdadeiro significado do que fazem e, assim, reavivar a paixão perdida pelo seu ofício. Fomos testemunhas de inúmeros exemplos em que a arrumação melhorou a vida profissional das pessoas, tanto na sua dimensão material como psicológica. Da mesma forma que arrumar a casa inspira alegria na nossa vida, arrumar o espaço de trabalho inspira alegria no nosso trabalho, visto que nos ajuda a sermos mais metódicos e a alcançar melhores resultados. Este livro desvenda os segredos desse processo.

É óbvio que no contexto laboral nem tudo pode ser avaliado com base no que nos inspira alegria. Há regulamentos internos a seguir, superiores a tomar decisões que afetam o nosso trabalho e colegas com quem colaborar. Além disso, pôr o espaço de trabalho físico em ordem não é suficiente para garantir que o trabalho se fará sem percalços. Só conseguiremos inspirar alegria na nossa vida profissional quando a pusermos em ordem em todas as suas facetas: o *e-mail*, os dados digitais, as tarefas associadas à nossa função e o agendamento de reuniões.

É aí que entra Scott, coautor deste livro. Enquanto especialista em Psicologia das Organizações e de docente e reitor da Escola de Negócios da Universidade de Rice, Scott sempre esteve na primeira linha da investigação que procura criar carreiras mais gratificantes e felizes.

O seu trabalho cobre um vasto leque de tópicos, tais como o desenvolvimento de estratégias para se ser mais eficaz e produtivo no trabalho, e na resolução de problemas próprios do mundo dos negócios. Fruto do trabalho de investigação que desenvolveu, o seu livro *Stretch* – um autêntico êxito de vendas – mostra como alcançar o sucesso e a satisfação no trabalho recorrendo apenas àquilo de que dispomos em determinado momento, sejam competências, conhecimentos ou objetos. Tudo isto faz de Scott um dos maiores especialistas na arte de inspirar alegria no trabalho. Ao longo deste livro, Scott partilha dados e investigação de ponta no domínio da arrumação, assim como algumas lições práticas sobre a melhor forma de arrumar os aspetos imateriais do trabalho.

No capítulo 1 deste livro damos a conhecer alguns dados relacionados com a arrumação, fundamentais para se motivar. Os capítulos 2 e 3 ensinam a arrumar o espaço de trabalho. Entre o capítulo 4 e 9 explicamos como arrumar dados digitais, o tempo, a tomada de decisão, as redes de contactos, reuniões e equipas. O capítulo 10 explica como pode estender o efeito benéfico da arrumação a toda a empresa. O último capítulo vai além do contexto da arrumação e tece algumas considerações sobre o que pode fazer para o seu trabalho quotidiano lhe inspirar ainda mais alegria e sobre o tipo de mentalidade e postura que o levará a ter uma carreira plena de felicidade. Esse capítulo inclui ainda algumas reflexões sobre o meu percurso pessoal com o intuito de o levar a pensar sobre as diferentes formas como o trabalho lhe pode inspirar alegria.

Esperamos que este livro seja a sua chave mestra para uma carreira cheia de alegria.

1
Porquê Arrumar?

Qual é a primeira coisa que o saúda quando chega ao escritório numa segunda-feira de manhã?

Muitos são recebidos por uma secretária cheia de tralha, tralha e mais tralha! Pilhas de documentos, clipes espalhados, sobrescritos por abrir com data de sabe-se lá quando, livros por ler e um computador portátil forrado a *post-its* e lembretes. Por baixo da secretária, sacos com brindes promocionais oferecidos por clientes disputam cada centímetro disponível. Desconfio que a maioria das pessoas solta um profundo suspiro sempre que depara com um cenário destes e que pensa para consigo se alguma vez será capaz de trabalhar numa secretária mergulhada em semelhante caos.

Aki, empregada de escritório numa agência imobiliária, era apenas uma entre tantas pessoas que sofrem com a bagunça permanentemente instalada nas suas secretárias. Apesar de não ser uma peça de mobiliário particularmente grande – o tampo da sua secretária teria o equivalente à sua envergadura de braços esticados e dispunha de apenas três gavetas –, Aki nunca conseguia encontrar nada do que procurava na sua secretária. Antes de qualquer reunião, achava-se invariavelmente numa busca frenética pelos seus óculos, pela sua caneta ou por uma qualquer pasta imprescindível. Incapaz de encontrar aquilo de que precisava, muitas vezes acabava por ter de reimprimir à pressa os documentos e materiais necessários à reunião. Não era invulgar dar por si tão farta que decidia que bastava, que tinha chegado o momento de arrumar a sua secretária de vez! Porém, à medida que o dia avançava, o cansaço começava a acumular-se e Aki dava por si a adiar a arrumação para «um dia destes», empurrando para o lado uma pilha com todos os documentos usados ao longo do dia antes de regressar a casa. Como seria de esperar, no dia seguinte Aki acabava a percorrer essa mesmíssima pilha à procura de documentos de que necessitava para poder começar a trabalhar. E, quando finalmente começava, era habitual já se sentir exausta. «Estar sentada a uma secretária tão desarrumada era deprimente», confessou-me. Infelizmente, tinha bons motivos para se sentir assim.

Vários estudos demonstram que a desarrumação nos afeta em diversas vertentes e com muito mais intensidade do que poderíamos julgar. Num levantamento feito junto de mil trabalhadores americanos em idade adulta, 90% declarou que a falta de arrumação tinha um impacto negativo nas suas vidas. Entre as principais consequências apontadas contavam-se a redução na produtividade, um estado de espírito negativo, quebras na motivação e menos momentos de felicidade.

A desarrumação também afeta a nossa saúde. De acordo com um estudo desenvolvido por cientistas da UCLA, estar rodeado de objetos em excesso leva a um aumento dos índices de cortisol, uma hormona fulcral na gestão do stresse. Índices cronicamente elevados de cortisol deixam-nos mais suscetíveis à depressão, à insónia e a outras perturbações mentais, assim como distúrbios físicos relacionados com o stresse tais como as doenças cardíacas, a hipertensão e a diabetes.

Além disso, a mais recente investigação em Psicologia demonstra que um ambiente desarrumado sobrecarrega o cérebro. Mergulhados num mar de tralha, os nossos cérebros perdem-se a tentar catalogar os objetos que nos rodeiam, o que por sua vez nos impede de nos concentrarmos naquilo que realmente deveríamos fazer, tal como dedicarmo-nos ao trabalho acumulado na nossa secretária ou comunicar com terceiros. Isto deixa-nos alheados, tensos e ansiosos, o que prejudica a nossa capacidade de tomar decisões. Ao que parece, a desarrumação atrai infelicidade. Com efeito, os dados parecem demonstrar que as pessoas como eu, que sentem algum entusiasmo ao entrar em divisões desarrumadas, são apenas a exceção que confirma a regra.

Importa perceber que a desarrumação não nos afeta apenas enquanto indivíduos. A desarrumação também é má para o negócio. Alguma vez passou horas à procura de alguma coisa no escritório? Ou deu algo por perdido? Mais de metade dos trabalhadores de escritório declaram perder um item de trabalho importante por ano. Esse item poderá ser uma pasta com documentos, uma calculadora, um disco externo, uma mala, um computador portátil ou um telemóvel. Além de custar dinheiro, a própria experiência associada à perda desses itens gera stresse emocional e representa um desperdício desnecessário e prejudicial ao ambiente. Contudo, a maior das perdas é a do tempo desperdiçado à procura desses itens. Os dados demonstram que o tempo despendido à procura de itens perdidos ronda uma semana de trabalho por ano para cada funcionário. Ao fim de quatro anos, isto representa um mês de trabalho perdido por cada funcionário. Considerando apenas os Estados Unidos da América, estima-se que esta perda de produtividade represente um prejuízo de 89 mil milhões de dólares anuais. Como termo de comparação, refira-se que esta quantia representa mais do dobro dos lucros acumulados pelas cinco maiores empresas do mundo.

Estes dados podem ser desconcertantes, mas esta é a realidade. Os efeitos da desordem podem revelar-se avassaladores. Diga-se, contudo, que não há motivo para alarme. Todos estes problemas podem ser resolvidos através da arrumação.

Como Arrumar o Meu Espaço de Trabalho Transformou a Minha Vida

Depois de concluir a minha licenciatura, comecei a trabalhar no departamento comercial de uma empresa de recursos humanos. A euforia inicial que senti por passar a fazer parte da população ativa foi de curta duração. Apesar de ser compreensível que os trabalhadores recém-contratados passem por algumas dificuldades iniciais, as minhas vendas tardavam em melhorar. Dos quinze trabalhadores contratados nesse ano, eu ficava sempre entre os três com pior desempenho na tabela de vendas.

Chegava cedo ao escritório, passava horas ao telefone a tentar marcar reuniões com potenciais clientes, comparecia nas reuniões que conseguia marcar e, no pouco tempo que sobrava, estava sempre a escrevinhar novas listas de potenciais clientes. À noite, sorvia uma taça de *noodles* num restaurante que ficava no próprio edifício da empresa e regressava ao meu local de trabalho para preparar toda a documentação necessária. Por muito que trabalhasse, os resultados tardavam em chegar.

Certo dia, depois de mais uma infrutífera ronda de chamadas a clientes, pousei o telefone com um suspiro profundo e tombei a cabeça. Ao olhar com desalento para o tampo da minha secretária, apercebi-me num sobressalto que estava completamente desarrumada. Dispersos em redor do teclado estava um contrato comercial por acabar, uma pilha de listas de venda vencidas, um copo de papel com chá que nunca cheguei a beber, um saquinho de chá ressequido, uma garrafa de água esquecida há mais de uma semana, pedaços de papel em que tinha rabiscado sugestões de clientes partilhadas pelos meus colegas, um livro de gestão que nunca tinha lido e que me fora recomendado por alguém, uma caneta sem tampa e um agrafador com que havia pensado ordenar alguns documentos, algo que me esquecera por completo de fazer...

Não podia acreditar no que estava a ver. Como é que isto me tinha acontecido? Desde a universidade que trabalhava como consultora doméstica e, apesar da confiança que tinha na minha capacidade de arrumação, havia permitido que o novo emprego me absorvesse de tal forma que deixara de fazer consultoria e até me tornara negligente nos meus próprios hábitos de arrumação em casa. De certa forma, tinha quebrado o elo de ligação com a fanática de arrumações que sempre tive dentro de mim. Era natural que não tivesse sucesso no trabalho.

Chocada, no dia seguinte cheguei ao escritório às sete da manhã para arrumar a minha secretária. Convocando todo o conhecimento e atributos apurados ao longo dos anos, consegui concluir a tarefa numa hora. O meu espaço de trabalho encontrava-se agora limpo e desimpedido. Sobre o tampo da secretária repousavam apenas um telefone e um computador.

Gostava muito de poder dizer que as minhas vendas dispararam depois deste acesso de arrumação, mas as coisas não mudam tão rápido quanto isso. É certo que me passei a sentir muito mais feliz sentada à secretária. Passei a encontrar todos os documentos de que necessitava num instante e deixei de me perder em buscas insanas antes de sair disparada para uma reunião. Ao regressar de uma reunião, encontrava tudo no sítio para me dedicar à tarefa seguinte. Aos poucos, comecei a sentir mais alegria no trabalho.

Nessa altura, as arrumações já eram uma paixão de muitos anos e eu já tinha um forte pressentimento de que a arrumação doméstica podia transformar vidas. Contudo, essa foi a primeira vez que me apercebi que arrumar o local de trabalho também podia ser importante. Sentada à minha secretária, que mais parecia acabada de estrear, senti que mantê-la arrumada tornaria o meu trabalho mais ameno e que me ajudaria a sentir prazer no que fazia.

Porque é Que a Arrumação Melhora o Desempenho Profissional

«A minha secretária está tão desarrumada que tenho vergonha de a mostrar», confessou-me a dada altura a minha colega Lisa. Trabalhávamos no mesmo andar. Depois de me ver devolver a ordem à minha secretária, Lisa ficou intrigada e começou a pedir-me conselhos. Ela nunca tinha sido boa com arrumações, nem quando era criança, e ela lembrava-se de a casa dos seus pais estar sempre atravancada com todo o tipo de coisas. No apartamento dela também reinava o caos, disse-me. «Não só nunca fiz arrumações na vida, como nunca me ocorreu que o devesse fazer.» Porém, trabalhar num escritório permitiu-lhe ver que a sua secretária estava sempre muito mais desarrumada do que as outras.

A história de Lisa não é tão invulgar quanto possa parecer. Uma diferença determinante entre a casa e o local de trabalho é que no trabalho não há intimidade que nos impeça de sermos vistos por outras pessoas. No conforto da nossa casa, praticamente ninguém vê a roupa esquecida no chão ou os livros espalhados pelos sítios mais inusitados. Mas o escritório é um espaço partilhado em que a diferença entre uma secretária arrumada e uma secretária desarrumada se torna evidente para qualquer um. E isto tem mais impacto na nossa vida profissional do que se julga.

Vários estudos dedicados à avaliação de funcionários no local de trabalho demonstram que, quanto mais arrumada for a secretária de uma pessoa, mais provável é que os seus colegas a vejam como ambiciosa, inteligente, calorosa e serena. Outro estudo sugeriu que as pessoas arrumadas eram vistas como confiantes, cordiais, diligentes e afáveis. A enumeração destes adjetivos faz com que estas pessoas pareçam autênticas vencedoras. Além do mais, vários estudos demonstram que as pessoas arrumadas costumam merecer a confiança de terceiros com facilidade e que têm maior probabilidade de virem a ser promovidas que as demais. Além da importância de gozar de uma boa reputação para progredir na carreira, a investigação desenvolvida nesta área tem vindo a demonstrar que o nosso desempenho profissional se correlaciona com as expectativas que quem nos rodeia tem a nosso respeito. As expectativas mais elevadas são um reforço para a nossa confiança, o que por sua vez leva a um melhor desempenho nas nossas funções. Esta teoria, conhecida como o efeito Rosenthal, baseia-se em estudos que demonstram que as classificações dos alunos melhoram quando estes sentem que os seus professores esperam deles um desempenho excelente. É sabido que o efeito Rosenthal também é importante em contexto laboral, onde o desempenho dos funcionários pode melhorar ou piorar de acordo com as expectativas que lhes forem associadas.

As descobertas destes estudos podem ser sintetizadas em três pontos simples. Uma secretária arrumada resulta numa avaliação mais positiva do seu caráter e das suas capacidades. Por sua vez, isto contribui para aumentar a sua autoestima e motivação. Em consequência, trabalhamos mais e o nosso desempenho melhora. Vendo as coisas por este prisma, ser arrumado parece uma opção muito sensata, não lhe parece?

Depois de ter aplicado as lições que lhe ensinei no seu espaço de trabalho, o volume de vendas de Lisa começou a subir, o que lhe valeu rasgados elogios do patrão e fez com que a sua confiança no local de trabalho fosse melhorando de forma consistente.

Quanto a mim, bastará dizer que tive o devido reconhecimento no seio da empresa pela minha capacidade de arrumar e que isso me deixou feliz.

Serão as Pessoas Desarrumadas Realmente Mais Criativas?

Uma secretária despida e arrumada é o reflexo de uma mente estéril e aborrecida. «Se uma secretária atulhada é sinónimo de uma mente atulhada, de que será sinónimo uma secretária vazia?» Esta citação é atribuída ao físico e génio criativo Albert Einstein. Independentemente de Einstein ter ou não proferido estas palavras, reza a lenda que a sua secretária costumava estar soterrada por pilhas de livros e papelada variada. Da mesma forma, Pablo Picasso costumava pintar rodeado de uma salgalhada de telas e quadros e diz-se que Steve Jobs, fundador da Apple, mantinha o seu escritório deliberadamente desarrumado. Os mitos urbanos de génios com locais de trabalho desarrumados são inúmeros e demasiados para serem aqui referidos na sua totalidade. Como se não faltasse, um estudo recente conduzido por investigadores da Universidade do Minnesota concluiu que um ambiente de trabalho desarrumado é mais propício ao desenvolvimento de ideias criativas.

Talvez o facto de as pessoas me estarem sempre a pedir que corrobore esta teoria se deva precisamente a esta profusão de histórias. «Mas é bom ter uma secretária desarrumada, não é?», «Diz-se que estimula a criatividade, não é verdade?» Se você também está a pensar se a sua secretária atulhada o pode tornar mais produtivo e se isso o leva a considerar se fará sentido continuar a ler este livro, deixo-lhe aqui um pequeno exercício. Peço-lhe que evoque mentalmente a sua secretária no escritório, no estúdio ou no seu local de trabalho. Ou, caso esteja sentado à secretária enquanto lê estas linhas, peço-lhe apenas que olhe bem à sua volta. De seguida, responda às seguintes questões:

Sente-se verdadeiramente cómodo a trabalhar nesta secretária?

Acha que trabalhar nesta secretária todos os dias lhe inspira alegria?

Tem a certeza de que está a dar largas à sua criatividade?

Quer mesmo regressar a este sítio amanhã?

Com estas perguntas não pretendo fazer com que se sinta mal. Espero apenas que o ajudem a perceber o que verdadeiramente sente a respeito do seu local de trabalho. Se respondeu afirmativamente sem hesitações a todas as perguntas, o seu nível de alegria no trabalho é admiravelmente alto. Mas se a sua resposta foi ambígua ou se sentiu o coração mirrar, mesmo que pouco, vale a pena experimentar fazer uma arrumação.

Para ser franca, não me importa decidir qual dos dois cenários é mais favorável – se trabalhar numa secretária imaculada ou noutra entregue ao caos. O mais importante é que você tenha consciência do tipo de ambiente que lhe inspira alegria no trabalho; que conheça os critérios pessoais que determinam a sua felicidade. Arrumar é uma das melhores formas de descobrir a sua preferência. Muitos dos clientes que se serviram do Método KonMari para arrumar as suas casas acabaram com um espaço despido e simples, o que os levou a concluir que preferiam ornamentar a casa com alguns elementos decorativos. Importa reconhecer que foi a arrumação que lhes deu a margem para acrescentar esses detalhes estéticos que tanto adoram. Muitas vezes, só através da arrumação podemos descobrir o tipo de ambiente de trabalho que nos inspira alegria.

Será que você é mais dado a exprimir a sua criatividade num espaço ordenado, ou será que se revela mais criativo em plena desordem? Independentemente da resposta a esta pergunta, o processo de arrumação pode ajudá-lo a descobrir o tipo de local de trabalho indicado para fazer a sua criatividade florescer.

O Círculo Vicioso da Tralha

Vários estudos realizados demonstram que a acumulação de tralha reduz a alegria no trabalho. Isto deve-se sobretudo a dois motivos concretos. Em primeiro lugar, a acumulação de tralha confunde o cérebro. Quanto mais coisas temos à nossa volta, mais sobrecarregado fica o nosso cérebro. Isto torna mais difícil reconhecer, experimentar e apreciar as coisas que nos são mais importantes – as que nos inspiram alegria.

Em segundo lugar, quando vivemos rodeados de coisas, informação e tarefas, perdemos a sensação de controlo e prejudicamos a nossa capacidade de fazer escolhas. Incapazes de tomar a iniciativa ou de definir as nossas ações, esquecemos que o trabalho é um simples meio para concretizarmos os nossos sonhos e as nossas ambições e deixamos de sentir amor pelo nosso ofício. Para agravar a situação, quando as pessoas sentem que não têm controlo sobre uma determinada situação, tendem a acumular mais tralha e, consequentemente, a ter de lidar com o correspondente sentimento de culpa e com a pressão acrescida para dar resposta a essa acumulação. O que resulta disto? Passamos a adiar indefinidamente o dia para fazer a arrumação de que tanto precisamos, o que por sua vez leva a que se instale um autêntico círculo vicioso de acumulação de tralha.

S. S.

O Elevado Preço a Pagar pela Tralha Imaterial

Não são apenas as nossas secretárias que precisam de ser arrumadas. Também vivemos rodeados de tralha intangível. Entre outras coisas, as novas tecnologias trouxeram consigo muita tralha digital na forma de *e-mails*, ficheiros e uma miríade de contas *online*. Some-se a isso o carrossel de reuniões e outras tarefas pendentes que são da nossa responsabilidade e rapidamente passa a parecer impossível ter qualquer controlo sobre a nossa situação laboral. Para gozarmos de uma vida profissional que verdadeiramente nos inspire alegria, devemos ter em ordem todos os aspetos da nossa vida profissional e não apenas o espaço físico em que trabalhamos.

De acordo com um estudo, os funcionários de escritório passam em média cerca de metade do seu dia de trabalho a responder a *e-mails* e têm cerca de 199 *e-mails* por abrir na caixa de entrada dos seus endereços eletrónicos. De acordo com o Center For Creative Leadership, 96% dos funcionários declara que perde tempo a responder a *e-mails* perfeitamente escusados. Além disso, cerca de um terço dos programas instalados nos computadores nunca são utilizados. Estes exemplos bastariam para compreender que vivemos mergulhados num mar de tralha digital no trabalho.

E os dados de que precisamos para usar todas as contas nos diversos serviços *online* em que nos registamos? Em média, há cerca de 130 contas associadas a cada endereço de *e-mail*. Mesmo tendo em conta que algumas dessas contas podem ser combinadas e geridas sob uma única conta, tal como o Google ou o Facebook, o número de nomes de usuário e de palavras-passe não deixa de ser assombroso. E pense no que acontece sempre que se esquece de uma palavra-passe. Depois de experimentar sem sucesso uma série de combinações de nome de usuário e de palavras-passe, decide baixar os braços e passar pelo processo de redefinir a sua senha.

E, infelizmente, as estatísticas dizem-nos que é muito provável que este processo se venha a repetir em breve. De acordo com um inquérito realizado a trabalhadores nos Estados Unidos da América e no Reino Unido, a perda de produtividade associada ao esquecimento ou extravio de palavras-passe traduz-se numa perda anual de 420 dólares por funcionário. Numa empresa que empregue cerca de vinte e cinco pessoas, essa perda poderá ser superior a 10 000 dólares por ano. Talvez não fosse má ideia criar um «fundo das palavras-passe esquecidas» para que se fizesse automaticamente um donativo sempre que alguém se esquece de uma senha e usar as verbas arrecadadas em benefício da sociedade.

As reuniões também podem ocupar uma considerável fatia da jornada de trabalho. O funcionário de escritório desperdiça em média duas horas e trinta e nove minutos por semana em reuniões de eficácia questionável. Num inquérito realizado a chefias e cargos superiores, a maioria dos inquiridos mostrou-se insatisfeita com as reuniões na empresa, descrevendo-as como improdutivas, ineficientes e com interferência negativa em assuntos mais importantes, sem que sequer lhes reconhecessem o mérito de contribuir para aproximar o pessoal da empresa. As reuniões são marcadas com o objetivo de melhorar a empresa, mas, ironicamente, os dirigentes ou as próprias pessoas responsáveis por as organizar, veem-nas como algo negativo. O custo da improdutividade nas reuniões pode superar os 399 mil milhões de dólares anuais. Quando penso nisto, assim como nas perdas decorrentes de palavras-passe esquecidas e nos 8,9 mil milhões de dólares desperdiçados em tempo gasto à procura de objetos perdidos, não posso deixar de pensar na formidável fonte de rendimento que isto poderia constituir para um governo que decidisse taxar a desarrumação. Eu sei que é uma ideia disparatada, mas dá que pensar...

A partir do capítulo 4, Scott irá partilhar consigo estratégias detalhadas para arrumar esta tralha intangível. Por agora, chamo-lhe apenas a atenção para o facto de existirem alguns obstáculos a superar para que o seu trabalho lhe possa vir a inspirar alegria. Isto significa que há muita margem para melhorar. Imagine que, além da sua secretária, conseguia também arrumar os seus *e-mails*, os seus ficheiros e restante informação digital, ao mesmo tempo que conseguia geria um calendário mais sensato de reuniões e tarefas. Pense na alegria que isto poderia inspirar no seu trabalho.

Arrumar Ajuda a Descobrir o Sentido das Coisas

Trabalhava numa empresa quando uma das minhas colegas, que tinha mais dois anos de casa do que eu, me perguntou qual era a melhor forma de libertar espaço no seu local de trabalho. Numa das nossas sessões de arrumação, ela disse-me: «Estou aqui para trabalhar e ganhar a vida, não é para me divertir. A vida é mais divertida se despacharmos o que temos a fazer no trabalho e nos concentrarmos no nosso tempo livre.»

Todos nós temos uma postura e maneira de ver as coisas no que diz respeito ao trabalho que é muito pessoal. Sei que há quem encare o trabalho da mesma forma que esta minha colega, mas digo-o sem rodeios: é um tremendo desperdício. É evidente que, ao auferirmos para desempenhar as funções para as quais fomos contratados, todos os empregos impliquem certas responsabilidades. Quando trabalhamos no contexto de uma organização, existem sempre aspetos sobre os quais não temos qualquer controlo. Enquanto membros de uma sociedade, seria irrealista pensar que a nossa felicidade pessoal pudesse estar no topo das prioridades coletivas. Ao contrário do que acontece quando arrumamos o espaço privado que é a nossa casa, a arrumação no trabalho não garante que tudo no escritório ou no emprego nos inspire alegria.

Ainda assim, é uma pena deitar a toalha ao chão e aceitar que temos de trabalhar apenas por obrigação, sem fazer qualquer esforço para que o ambiente de trabalho nos inspire alegria. Depois da nossa casa, o local de trabalho é o sítio onde passamos mais tempo e, em determinadas fases da nossa vida, é até possível que passemos mais tempo no local de trabalho do que em casa. O trabalho é uma parte preciosa das nossas vidas. Não faria sentido desfrutar do tempo que passamos a trabalhar, ainda que pontualmente, enquanto pomos em prática as nossas competências? E, já que pretendemos apreciar o nosso trabalho, não faria também sentido trabalhar de forma que propicie a felicidade em quem nos rodeia?

É possível que alguns leitores estejam a ler estas linhas e a pensar, *Isso é tudo muito bonito de se dizer, mas eu odeio o que faço. Não vejo como o meu trabalho me possa alguma vez vir a inspirar alegria.* Ainda que assim seja, recomendo-lhe que experimente arrumar. Arrumar pode deixá-lo mais próximo daquilo que verdadeiramente pretende, pode mostrar-lhe que precisa de mudança ou ajudá-lo a encontrar alegrias inesperadas no seu ambiente de trabalho. Pode parecer bom de mais para ser verdade, mas é possível.

Ao longo dos tempos pude testemunhar em primeira mão a forma como a arrumação permitiu mudar vários aspetos da vida dos meus clientes. Uma cliente, por exemplo, lembrou-se de um sonho de infância enquanto arrumava os seus livros e demitiu-se do seu emprego para poder fundar a sua própria empresa. Enquanto organizava documentos, a proprietária de uma empresa identificou um problema estrutural no seu negócio e decidiu levar a cabo uma mudança profunda. E outra cliente, ao dar por concluído o processo de arrumação, conseguiu identificar o estilo de vida a que ambicionava e mudou de emprego para reduzir a sua carga horária a metade. Nenhuma destas mudanças ocorreu por estas pessoas terem algo de especial ou invulgar. Estas mudanças foram o corolário lógico de cada uma destas pessoas ter examinado as coisas que tinha em seu redor e de ter sido confrontada com a necessidade de separar o que queria ter na sua vida daquilo de que se queria desfazer.

«Este emprego tinha tudo para ser o emprego dos meus sonhos, mas transformou-se numa luta constante para me manter à tona numa torrente de tarefas. Todos os dias penso que quero voltar para casa o mais cedo possível.»

«Não consigo decidir o que fazer. Experimentei de tudo, mas continuo sem saber o que quero.»

«Dei tudo de mim para chegar onde cheguei, mas começo a duvidar se esta é a carreira certa para mim.»

Se tem dúvidas a respeito do seu emprego ou da sua carreira, esta é a altura ideal para arrumar. Arrumar é muito mais do que simplesmente fazer triagens de objetos ou ordená-los. A arrumação é um projeto fundamental que irá mudar a sua vida para sempre. O método descrito neste livro não pretende apenas que acabe com uma secretária limpa e arrumada, mas que possa ter um diálogo interior através da arrumação – descobrir a que é que dá mais valor, questionar os motivos que o levam a trabalhar e o tipo de vida profissional a que ambiciona. Este processo irá ajudá-lo a compreender que a felicidade do seu futuro é determinada em qualquer tarefa desempenhada, por mais insignificante que pareça. Em última análise, o verdadeiro objetivo deste método passa por descobrir o que o leva a sentir alegria no trabalho para que possa dar sempre o seu melhor. Convidamo-lo a descobrir como a arrumação pode inspirar alegria na sua carreira.

2
Se Volta Sempre a Cair na Desarrumação

«Você precisa mesmo de arrumar a sua secretária!»
Foram estas as inoportunas palavras que deixei escapar certa vez numa reunião com um potencial cliente. Estávamos no verão do meu segundo ano na agência de recursos humanos e a minha função consistia em promover os nossos serviços de recrutamento junto de clientes. Isto passava por perceber as necessidades concretas de cada empresa e procurar as pessoas indicadas para ocupar cargos em aberto. Cabia-me a responsabilidade de promover os nossos serviços junto de pequenas e médias empresas. As companhias com 10 empregados ou menos empregados raramente têm um departamento de recursos humanos e muitas vezes o presidente da companhia é responsável por tudo, até pelas próprias contratações. Neste caso em concreto, a pessoa a quem me dirigi era o presidente da companhia. Com um ar consumido e agastado, ele respondeu: «Estou tão ocupado, quem me dera ter uma assistente.»

Ciosa do meu papel enquanto recrutadora de recursos humanos, perguntei-lhe: «Se tivesse uma assistente, que tarefas gostaria de lhe delegar?»

«Bom... vejamos», respondeu algo hesitante. «Uma coisa é certa, gostava de contar com alguém que organizasse os meus documentos e ferramentas de escrita. Alguém que me soubesse estender a caneta indicada para cada ocasião. E também seria excelente se fosse alguém capaz de arrumar a minha secretária.»

Foi aí que comecei a meter a pata na poça. «Tudo o que me está a descrever pode ser feito por si!» Exclamei, consciente da impertinência das minhas palavras assim que me saíram da boca. Isto para não falar do facto de lhe ter dito, por outras palavras, que não precisava de contratar nenhuma assistente, naquela que foi mais uma das minhas oportunidades comerciais ingloriamente desperdiçadas!

Para minha surpresa, ele prosseguiu com a conversa como se não tivesse ouvido nada do que eu lhe disse. Quanto mais falava, mais evidente se tornava que a capacidade de organização não era uma das suas virtudes. Fora criado no seio de uma família em que a balbúrdia era a norma e desde cedo se habituara a perder coisas. Segundo me contou, no seu primeiro emprego, o patrão chegou a dizer-lhe que era um caso perdido no que à arrumação dizia respeito, facto acerca do qual ainda se sentia algo complexado.

Quando a nossa conversa chegou ao fim, perguntei se ele não se importava de me mostrar a sua secretária. Ficava do outro lado da partição onde a reunião decorrera. Uma olhadela de relance bastou para perceber tudo. Era uma secretária cinzenta vulgar, mas ao centro o computador surgia rodeado por algo parecido a arranha-céus futuristas constituídos por amontoados ao estilo *Jenga* de documentos, livros e correspondência. Nessa fase da minha vida, eu já dedicava os fins de semana a trabalhar como consultora doméstica e não pude deixar de lhe dizer que ele precisava mesmo de arrumar a sua secretária.

Foi assim que começaram as nossas aulas de arrumação. Como é evidente, estas aulas tinham de decorrer fora do horário de expediente, pelo que combinámos encontrar-nos cedo pela manhã ou ao fim do dia de trabalho. Ao fim de várias sessões, o seu escritório estava limpo e arrumado. Esta experiência teve a vantagem acrescida de ele me ter apresentado a muitos outros empresários, o que se traduziu num aumento em flecha no meu desempenho comercial. Depois desse episódio, sempre que visitava um cliente aproveitava para dar uma espreitadela rápida à secretária do patrão. As oportunidades para ir lançando algumas sugestões de arrumação durante as reuniões foram aumentado e, antes que desse por isso, o número de clientes da minha empresa de consultoria dispararam.

Para ser franca, devo dizer que entre os meus clientes de consultoria doméstica, houve quem tivesse recaídas. Nem todos conseguiram manter os seus escritórios imaculados uma vez concluído o curso. O que separa os alunos bem-sucedidos dos que não o foram? A mentalidade com que se entregam ao processo.

A informação de que dispomos relativa a determinados projetos é frequentemente atualizada com novos materiais e conteúdos, o que significa que os documentos e a papelada se acumulam com facilidade. Mesmo que arrumemos a nossa secretária a preceito, para garantir que ela assim se mantém precisamos de ter a arrumação sempre em mente. Isso requer da nossa parte uma motivação permanente para arrumar, a compreensão do *motivo* que justifica que o façamos.

A maioria das pessoas que conheço que foram bem-sucedidas nas suas arrumações para sempre, fizeram-no por iniciativa própria. Por norma, costumam começar com uma ideia clara de quem pretendem ser e do estilo de vida que querem. Em contrapartida, as pessoas que se dedicam a arrumar sem terem uma ideia clara do motivo que as leva a fazê-lo ou, ainda pior, com a esperança de que consigam que alguém o faça por elas, muitas vezes acabam por voltar a cair na desarrumação inicial mesmo que a primeira arrumação tenha corrido bem.

Por isso, permita-me que lhe pergunte: Porque é que *você* quer arrumar?

Se pretende melhorar o seu desempenho profissional ou eliminar uma fonte de stresse, muito bem, mas para manter a motivação precisa de ser mais preciso e de descrever em termos claros e objetivos o cenário que idealiza para a sua vida laboral e os efeitos que espera que a arrumação tenha na sua vida. Por isso, antes de arrumar, comece por projetar a sua vida profissional perfeita.

Visualize a Sua Vida Profissional Perfeita

Imaginar um dia de trabalho em detalhe ao mesmo tempo que se questiona sobre o tipo de vida laboral que lhe inspira alegria e os valores que lhe são importantes é o primeiro passo a dar num processo de arrumação. E é um passo crucial para o sucesso dessa arrumação.

Sempre que penso neste assunto, lembro-me sempre de um *e-mail* que recebi por parte de Michiko, uma cliente que, pela altura em que me escreveu, já havia completado o processo de arrumação. Ela trabalhava num fabricante de produtos médicos e, antes de dar início ao processo de arrumação, a sua secretária estava de tal forma revestida de amontoados de papel que mais parecia um mil-folhas. O assunto no *e-mail* que me escreveu era: Vida Profissional Perfeita Alcançada! Nele, podia ler-se:

De manhã, ao chegar ao escritório, sinto entusiasmo. Não há nada na minha secretária além de um telefone e de um vaso com uma planta. Vou buscar o meu computador portátil e respetivo cabo à prateleira onde os guardo todos os dias e ligo-os. Coloco o copo de café que comprei a caminho do trabalho sobre uma das minhas bases favoritas, refresco o ambiente com um borrifo de ambientador com aroma a menta, respiro fundo e começo a trabalhar. Está tudo no devido lugar, o que significa que não perco tempo à procura do que preciso e que consigo restituir tudo ao sítio designado numa questão de segundos uma vez concluída uma tarefa. Já passaram dois meses e ainda não consigo acreditar que me sinto tão feliz todas as manhãs.

Este *e-mail* de Michiko, transbordante de alegria, parece-me um exemplo de manual do que deve ser uma vida profissional feliz. Partilho-o aqui porque contém todos os pontos essenciais que deverá ter em conta ao projetar a sua vida profissional perfeita. O segredo passa por imaginar, em detalhe vívido e quase cinematográfico, a forma que os seus dias deverão assumir quando der por concluído o processo de arrumação. Nessa imagem projetada devem constar três elementos: o espaço físico de trabalho, o seu comportamento e os seus sentimentos. Visualize a aparência do seu espaço de trabalho, incluindo a sua secretária imaculada e arrumada e o local onde armazena o seu material; visualize o que faz no seu espaço de trabalho, tal como saborear um café ou apreciar o aroma de um ambientador escolhido por si; e, por fim, imagine como se sente ao fazê-lo: entusiasmado, realizado ou simplesmente satisfeito.

Para esboçar um quadro realista da vida profissional que idealizou, estes três elementos devem ser considerados em conjunto. Porém, o mais importante é que imagine como se sentirá quando finalmente se encontrar no espaço de trabalho que idealizou. Experimente fechar os olhos e imaginar-se a chegar ao escritório bem cedo pela manhã. Se nada lhe vier à cabeça, imagine a cena descrita por Michiko ao chegar à secretária e repare bem no que sente. O seu coração saltou de alegria? Sentiu uma centelha de felicidade invadir-lhe o peito?

Ao imaginarmos cada detalhe, incluindo a resposta física às nossas próprias emoções, em vez de pensarmos nelas apenas do ponto de vista intelectual, o cenário idealizado que projetamos torna-se quase tangível. Naturalmente, isto reforça o nosso desejo de atingir esse estado e é determinante para manter a motivação.

Há outro aspeto importante a considerar ao visualizar a vida laboral que idealizou – o horizonte temporal. Pense de que forma o seu dia flui: deslocar-se até ao trabalho pela manhã, fazer um intervalo a meio do dia, concluir um projeto, regressar a casa. Visualize o aspeto do seu espaço de trabalho nos vários momentos do dia. Ao examinarmos o nosso cenário ideal de diferentes perspetivas, é mais fácil determinar os passos concretos que teremos de dar para o tornar realidade, seja dar mais cor ao espaço de trabalho ou tornar um arquivo documental mais acessível. Também isto contribui para aumentar os nossos índices de motivação.

Projetar uma vida profissional perfeita também é essencial para a arrumação de tudo quanto é imaterial. Ao destralhar o seu *e-mail*, por exemplo, visualize como gostaria de gerir a sua caixa de entrada de correio eletrónico e reflita sobre o volume mais adequado de mensagens a manter na caixa de entrada. Ao arrumar, pense no tempo necessário para desempenhar cada uma destas tarefas e afira como se sente ao levá-las a cabo. Reavalie o cenário que idealizou sob diferentes prismas, tais como a produtividade, a eficiência e a relação pessoal com os membros da sua equipa. Só será capaz de abordar a arrumação com a mentalidade adequada depois de traçar objetivos sustentados por uma visão clara do que seria a vida profissional que idealizou.

> ### Como Identificar o Que Lhe Inspira Alegria no Trabalho
>
> Está com dificuldades em determinar como seria a sua vida profissional ideal? Se assim for, experimente fazer este exercício rápido para o ajudar a identificar os seus critérios pessoais de alegria. Leia cada uma das seguintes afirmações e classifique, numa escala de 1 a 5, quão de acordo ou desacordo está com cada uma delas. Não há respostas certas nem erradas. Responda de acordo com o que lhe vai na alma e com franqueza. (1 = discordo completamente; 2 = discordo; 3 = não concordo nem discordo; 4 = concordo; 5 = completamente de acordo)
>
> _____ Aprender coisas novas é algo que me dá muito prazer.
> _____ Gosto que o trabalho me apresente desafios.
> _____ Tiro proveito do facto de trabalhar com pessoas com mais aptidões ou experiência do que eu.
> _____ TOTAL
>
> _____ Gostaria de ter um horário laboral flexível.
> _____ Gosto de me sentir à-vontade para dizer o que penso no trabalho.
> _____ Quero ter a liberdade de fazer o meu trabalho da maneira que creio mais indicada, sem excesso de supervisão.
> _____ TOTAL
>
> _____ Pretendo maximizar a quantidade de dinheiro que aufiro.
> _____ Gostaria de me tornar um perito na minha área.

_____ Valorizo os elogios que recebo de pessoas com quem trabalho, tais como colegas, clientes e supervisores.

_____ Faço questão de travar amizades genuínas no trabalho.
_____ Ajudar os meus colegas dá-me prazer.
_____ Prefiro ter colegas com quem trabalhar do que trabalhar de forma independente.
_____ TOTAL

Some o valor das suas respostas para cada uma das três perguntas. Isto significa que terá um valor total para as perguntas. O primeiro conjunto de três perguntas centra-se na aprendizagem, o segundo na liberdade no trabalho, o terceiro no sucesso e o último nas relações pessoais com terceiros. Os seus resultados são indicativos da importância que atribui a cada uma destas valências no contexto do trabalho. As que tiverem um resultado de 12 ou superior são aquelas a que dá mais importância.

Que aspetos do trabalho são mais importantes para si? Uma vez identificados, poderá usá-los como referência para projetar a sua vida profissional perfeita.

S. S.

Arrume Tudo de Uma Assentada e Nunca Terá Uma Recaída

«Arrumo a minha secretária inúmeras vezes, mas mal dou por isso está outra vez caótica.»

A recaída é um dos problemas mais habituais com que me cruzo na minha prática de consultora. É quase garantido que quem esteja acostumado a fazer arrumações tenha passado por isso pelo menos uma vez ao longo da vida. Vejamos, por exemplo, o caso da minha colega

Jun. «Costumo arrumar a minha secretária com bastante frequência», disse-me ao mostrar o seu local de trabalho. «Talvez não pareça, mas não me importo nada de fazer arrumações.»

Quando vejo uma secretária que aparenta estar limpa e arrumada, costumo passar os olhos pelo tampo e viro imediatamente o olhar para aquilo que não está à vista. Começo pelas gavetas. Ao abri-las, sou muitas vezes saudada por um vasto sortido de canetas nunca utilizadas, cartões de visita ultrapassados, misturas curiosas de clipes e borrachas, bálsamos labiais de procedência desconhecida, pacotes de pastilha elástica rançosa, suplementos vitamínicos, talheres de plástico, guardanapos de papel e pacotinhos individuais de *ketchup* e de molho de soja que muito provavelmente ali chegaram à boleia de uma refeição de *takeaway*.

De seguida, afasto a cadeira, agacho-me e espreito debaixo da secretária. Estico os braços e puxo todas as caixas de cartão e sacos de papel ali guardados. Estas caixas costumam estar cheias de livros e documentos, mas também podem conter peças de roupa, sapatos e aperitivos. As minhas ações costumam ser recebidas com esgares de espanto: «Isso quer dizer que também tenho de arrumar o que guardo debaixo da secretária?», perguntam-me. Arrumar o tampo da secretária não é suficiente.

Se pretende levar a cabo uma arrumação completa ao ponto de nunca voltar a cair na desarrumação, deve ter sempre este objetivo simples em mente: há que saber o sítio de absolutamente tudo o que faz parte do seu espaço de trabalho. Há que saber o que tem e em que quantidades. Onde arruma cada objeto? Que tipo de itens tem tendência a acumular devido à própria natureza do seu ofício? E onde deve guardar tais itens? Só quando tiver um conhecimento profundo de tudo isto é que poderá afirmar inequivocamente que fez uma arrumação.

E como é que o pode fazer? Arrume o seu espaço de trabalho por categorias e sempre de uma só vez. Se arrumar o tampo da secretária hoje, a primeira gaveta amanhã e outra no dia seguinte, desfazendo-se de uma coisa aqui e ali quando tiver tempo, nunca será capaz de devolver a ordem ao seu espaço de trabalho. O primeiro passo a dar é o de reservar um intervalo de tempo dedicado à arrumação. Agendada a arrumação, reúna todos os itens por categorias e determine quais pretende descartar em cada categoria. Findo este processo, determine onde arrumar os objetos que decidiu guardar. Para fazer uma arrumação adequada, siga os passos acima descritos na ordem indicada.

A partir do capítulo 3, eu e Scott explicamos em detalhe como arrumar os artigos físicos e imateriais por categoria. Por ora, basta que saiba que este é o segredo do sucesso: Arrume por categoria, de forma determinada e absoluta, e de uma só vez. Quer esteja a arrumar o seu local de trabalho ou a sua casa, este é um aspeto fundamental do Método KonMari.

Talvez lhe pareça difícil, mas não se preocupe. Arrumar um espaço de trabalho físico é muito mais simples do que arrumar uma casa. Por um lado, os espaços de trabalho são muito mais exíguos e os objetos que os compõem podem ser reunidos em menos categorias, o que facilita o processo de decisão no que diz respeito aos itens que pretende guardar e o local onde os deve guardar. Além disso, é um processo muito menos moroso. Arrumar uma casa de acordo com o Método KonMari demora um mínimo de três dias. E esses três dias referem-se à casa de alguém que vive sozinho e não acumula muita tralha. No caso de uma família, e em função da quantidade de pertences acumulados, o processo poderá estender-se de uma semana a vários meses. Arrumar apenas uma secretária, em contrapartida, demora uma média de cinco horas e, dependendo do tipo de trabalho em questão, pode chegar a demorar menos do que três horas. Mesmo no caso de quem tem um espaço de trabalho mais amplo, como um cubículo ou uma divisão própria, o processo de arrumação não costuma demorar mais do que dez horas. Por isso, se dedicar dois dias a esta arrumação, deverá ser capaz de arrumar tudo o que há de tangível no seu espaço de trabalho.

Se lhe for realmente difícil dedicar tempo à arrumação – por exemplo, se for impossível agendar cinco horas consecutivas para o efeito –, experimente dividir o processo em várias sessões. A opção mais comum entre os meus clientes é a de comparecer no escritório duas horas antes do arranque do dia de trabalho e arrumar tudo em três sessões de duas horas. Tenho vindo a reparar que os clientes que marcam as sessões de arrumação próximas entre si adquirem um certo ritmo que os ajuda a despachar o assunto de maneira mais célere. Por isso, se não tiver muito tempo para dedicar a arrumações, recomendo-lhe que agende sessões próximas no tempo para manter um ritmo de arrumação intenso. Permitir que o processo se arraste ao ponto de ter de recomeçar a arrumação do início a cada nova sessão é um perfeito desperdício de tempo, pelo que essa será sempre a abordagem menos eficaz.

Quando digo para arrumar «rápida e completamente, de uma só vez», quero dizer que o deverá fazer em menos de um mês. Apesar de algumas pessoas se mostrarem surpreendidas quando lhes digo que o processo se pode prolongar tanto, o certo é que um mês não é um período muito longo se o compararmos com o número de anos que a maioria dessas pessoas dedicou a atravancar a sua secretária com tralha. Ainda que fosse estupendo se conseguisse concluir o processo num ou dois dias, não há qualquer problema se precisar de mais tempo. O mais importante é que defina um prazo. Pode decidir, por exemplo, que quer ter tudo arrumado até ao fim do mês e, depois, marcar na agenda momentos concretos para dedicar à arrumação. Se disser a si próprio que deixará as arrumações para quando tiver tempo, nunca as irá acabar.

Arrume tudo devidamente, de uma assentada, e atribua um lugar específico a cada categoria de objeto. Ao escolher um sítio exato para arrumar cada item do seu espaço de trabalho, está a garantir que encontrará sempre aquilo de que precisa, mesmo que os itens desse tipo em concreto se comecem a multiplicar em número. É essa previsibilidade que lhe permitirá manter o seu espaço de trabalho arrumado no futuro. Ao aprender a arrumar da maneira certa, qualquer pessoa poderá ter um espaço de trabalho pleno de alegria e, assim, evitar eventuais recaídas.

Escolher o Que Guardar

Isto Inspira-me Alegria?
Nesta questão reside a essência do Método KonMari. Esta pergunta é uma ferramenta simples mas muito eficaz para arrumar a casa – um espaço pessoal e privado. Seguramos cada objeto nas mãos, guardamos os que nos inspiram alegria e desfazemo-nos de tudo o resto.

Mas o que fazer num local de trabalho? O regular funcionamento de uma empresa requer que não nos desfaçamos de determinadas coisas – tais como contratos, apontamentos para uma reunião que se avizinha, cartões da empresa – mesmo que não nos inspirem particular alegria. O mesmo sucede com bens utilitários como a fita-cola, os agrafadores ou as destruidoras de papel, objetos com a sua utilidade, mas que não lhe cabe decidir se devem ou não ser descartados, mesmo que não goste particularmente deles. Se der uma vista de olhos atenta ao seu espaço de trabalho, é possível que chegue à conclusão de que a sua secretária é feia e a cadeira aborrecida. E que nem a caixa de lenços disponível no espaço comum do escritório lhe inspira alegria. Quanto mais atenta for a sua observação, mais rapidamente chegará à conclusão de que, num ambiente de trabalho, não pode guardar apenas o que lhe inspira alegria. Contudo, e antes que esta reflexão despeje um balde de água fria na sua paixão pelas arrumações, regressemos ao essencial.

Por que razão quer fazer arrumações?
Independentemente da vida profissional que idealizou, o objetivo principal é sempre o mesmo: ter alegria no trabalho. Por isso, ao fazer arrumações, o que mais importa é escolher apenas o que contribui para a sua felicidade e apreciar cada um desses objetos.

Há três tipos de artigos que deve guardar. Em primeiro lugar, os artigos que lhe inspiram alegria de um ponto de vista pessoal, tais como uma caneta favorita, um bloco de notas com um *design* que lhe agrada particularmente ou um retrato de família. Em segundo, os artigos funcionais e que o ajudam no desempenho das suas funções, consumíveis de uso frequente como agrafos ou fita adesiva resistente para embalar. Não é que estes artigos em concreto lhe inspirem alegria, claro, mas facilitam várias tarefas que tem de desempenhar no seu dia a dia. O facto de os ter à sua disposição dá-lhe um certo conforto e permite-lhe concentrar-se no seu trabalho.

Por último, deve guardar os artigos que podem comportar alegrias futuras. Uma simples fatura, por exemplo, não é coisa para nos entusiasmar por aí além, mas tem o mérito indiscutível de nos permitir receber um reembolso quando declararmos despesas. Os documentos relacionados com um projeto a respeito do qual não se sente particularmente entusiasmado podem, caso esse projeto chegue a bom porto, vir a revelar-se importantes para a sua carreira profissional. E se ver a sua fiabilidade reconhecida pelos demais fizer parte do seu sonho, também isso lhe poderá trazer alegria no futuro.

Por isso, tenha sempre em mente estas três categorias: artigos que lhe inspiram alegria de maneira direta, artigos que inspiram alegria funcional e artigos que inspiram alegrias futuras. Estes são os critérios que deverá ter em consideração ao decidir o que pretende conservar no seu espaço de trabalho.

Se as palavras *inspirar alegria* não fizerem sentido no contexto do seu trabalho, sinta-se à-vontade para as substituir por outras mais adequadas. Lembro-me, por exemplo, de um diretor-geral que costumava perguntar a si próprio *Será Que Isto Ajuda à Prosperidade da Minha Empresa?*, de um bancário que adotou o *Será Que Isto Me Faz Tremer de Excitação?* e de um gestor de departamento e assumido fanático de beisebol que costumava dizer *Isto Entra Na Equipa Principal, Numa Peladinha ou Nem Num Jogo de Solteiros e Casados?*

O que importa esclarecer é se o artigo que tem em mãos pode vir a desempenhar um papel positivo no seu trabalho. Nunca se esqueça que o motivo pelo qual decidiu fazer uma arrumação não se prende com a necessidade de se desfazer de coisas e desimpedir a sua secretária, mas para implementar a vida profissional que sempre idealizou, a que lhe inspira alegria.

Escolher o Que Deitar Fora é Muito Diferente
de Escolher o Que Lhe Inspira Alegria

Se acha que escolher o que lhe inspira alegria vem a ser o mesmo que escolher o que deitar fora, está bem enganado. Ainda que separar o que pretendemos guardar daquilo que nos queremos desfazer possam parecer duas faces da mesma moeda, do ponto de vista psicológico são mundos à parte. Escolher o que lhe inspira alegria implica concentrar a atenção nos aspetos positivos daquilo que nos pertence, ao passo que escolher o que deitar fora centra a atenção no negativo.

Os dados disponíveis demonstram que as emoções negativas têm um impacto mais pronunciado nos nossos pensamentos do que as emoções positivas. Um estudo dedicado a examinar 558 palavras em língua inglesa que designavam diferentes estados de espírito chegou à conclusão de que 62% dessas palavras eram negativas, ao passo que as palavras positivas se ficavam pelos 38%. Noutro estudo, foi pedido a vários participantes oriundos de sete países (Bélgica, Canadá, Inglaterra, França, Itália, Países Baixos e Suíça) que apontassem tantas emoções quanto pudessem ao longo de cinco minutos. Os participantes destes sete países lembraram-se de mais palavras negativas do que positivas. Além disso, entre as palavras mais usadas, apenas quatro coincidiam entre os participantes dos sete países e, dessas palavras, três eram negativas: *tristeza*, *raiva* e *medo*. A única palavra referente a uma emoção positiva que foi partilhada no conjunto dos sete países foi *alegria*.

Como este exemplo demonstra, o cérebro humano atribui mais importância às experiências negativas do que às positivas. Se nos concentrarmos apenas no lado negativo quando nos desfazemos de algo, o melhor a que podemos aspirar é deitar fora tudo aquilo de que não gostamos.

> Não estar doente é diferente de ser saudável, não ser pobre não é bem o mesmo que ser rico e não estar triste não implica estar feliz. Seguindo a mesma lógica, deitar fora coisas de que não gostamos não é o mesmo que escolher coisas que nos inspiram alegria.
>
> Por isso, ao arrumar, procure concentrar-se no lado positivo – nas coisas de que realmente gosta. Se o fizer, é provável que venha a descobrir que até gosta de arrumar.
>
> S. S.

Crie Um Ambiente em Que Se Consiga Concentrar

Os únicos sons audíveis neste escritório silencioso são o tamborilar de dedos em teclados e o murmúrio da minha voz e as respostas do meu cliente em plena aula de arrumação.

– E isto? Desperta-lhe alegria?
– Sim.
– Isto é importante?
– Não, já não preciso disso.
– E este documento?

A voz do cliente reduz-se a um sussurro quase inaudível.

– Ah, isso é sobre uma pessoa que saiu da empresa no ano passado. Foi uma situação algo problemática, compreende?
– Oh, lamento muito.

Aprendi uma lição importante durante esta sessão, numa altura em que começara a dar aulas de arrumação a executivos em cargos de topo. Num escritório dominado pelo silêncio, uma aula destas pode revelar-se extremamente ruidosa e é difícil manter um diálogo sem perturbar quem nos rodeia. O meu pobre cliente deve ter-se sentido um pouco incomodado.

Ao arrumar o seu espaço de trabalho, é importante que crie um ambiente que lhe permita estar concentrado. Se costuma ser sensível a respeito do que os demais pensam de si, o momento escolhido para arrumar pode ser determinante para o sucesso do projeto. Se tiver acesso ao seu local de trabalho durante períodos de férias ou se dispuser de um cubículo ou escritório individual, terá mais flexibilidade para decidir quando arrumar. Contudo, se trabalha num espaço aberto e precisa de arrumar em dias úteis, é provável que o tenha de fazer antes ou após o horário de expediente se não quiser incomodar os seus colegas. Quanto a mim, instituí como rotina dar aulas de arrumação entre as 7 e as 9 da manhã, isto é, antes de os meus clientes darem início ao seu dia de trabalho.

Arrumar logo pela manhã traz muitas vantagens. Ao sabermos que o dia de trabalho começa às 9, tratamos de arrumar tudo com redobrada concentração e eficácia. Por outro lado, a frescura própria das primeiras horas do dia fará com que se sinta mais otimista acerca do que está a fazer e será capaz de apreciar o processo. Desta forma, poderá decidir com facilidade o que guardar e o que descartar. É por isso que, durante muitos anos, disse aos meus clientes que as primeiras horas do dia são as melhores para arrumar o espaço de trabalho. Devo reconhecer, contudo, que a minha opinião tem vindo a mudar, graças à possibilidade que tive de dar a conhecer o meu método noutros países.

No Japão, é muito frequente um funcionário ficar a trabalhar até tarde no escritório, o que torna difícil que alguém se dedique a arrumações mesmo depois do horário de expediente. Em contrapartida, em muitos dos escritórios que visitei nos Estados Unidos, não havia praticamente ninguém a trabalhar depois das seis da tarde. E, às sextas-feiras, o número de pessoas presentes começava a decair de forma gradual a partir das três da tarde. Em casos desses, é perfeitamente possível dedicarmo-nos a arrumar depois do trabalho.

Houve outra diferença cultural que também me chamou a atenção. A maioria dos estadunidenses com quem privei disse-me que não se importaria se um colega decidisse arrumar o seu espaço de trabalho em horário laboral, independentemente do ruído que essa pessoa pudesse vir a fazer. Para me certificar que percebia o que era dito, perguntei: «Mesmo que trabalhasse num espaço completamente aberto e habitualmente silencioso?» A resposta manteve-se. E assim se tornou evidente para mim que a preocupação de arrumar um escritório de maneira discreta, um problema a que dedicara tantos anos de estudo, era de pouca relevância nos EUA.

No Japão, é de bom tom ter em conta a opinião de quem nos rodeia e evitar ser uma presença incómoda. Tenho a certeza de que, de uma maneira geral, o mesmo pode ser dito a respeito dos próprios EUA e da maioria dos países. Contudo, através desta experiência em concreto fiquei a saber que o que constitui um incómodo para terceiros não é o mesmo em toda a parte. Quando fazemos arrumações, é importante criar um ambiente propício à concentração. Isto tanto pode passar por arrumar numa altura em que estão menos pessoas no escritório como avisar de antemão os seus colegas de que irá fazer arrumações. Poderá até convidar os seus colegas a juntar-se a si. Com efeito, sempre que possível costumo recomendar que todos os trabalhadores da empresa façam arrumações ao mesmo tempo.

Conheço uma editora livreira japonesa que costuma reservar um dia próximo do final do ano para que todos os seus funcionários possam arrumar a sua secretária e o seu espaço de trabalho. Ao que parece, esta tradição contribuiu para melhorar o ambiente no seio da editora de tal forma que esta acabaria por lançar vários *bestsellers* nos meses seguintes. A arrumação aumenta a eficácia no desempenho de cada indivíduo envolvido e fomenta uma atitude construtiva, pelo que parece fazer sentido que a editora tenha alcançado resultados tão extraordinários. Mas mesmo que o envolvimento da empresa como um todo no projeto de arrumação não seja possível, não seria fantástico se um departamento ou os vários membros de uma equipa de trabalho decidissem arrumar ao mesmo tempo?

Está Aberto o Seu Festival de Arrumação!

Quando comecei a dar aulas de arrumação a quadros superiores de empresas passei a ter uma vida muito mais ocupada. Durante a semana, dava aulas de arrumação das sete às nove e meia da manhã. Depois, trabalhava arduamente como comercial no meu emprego de sempre e só parava à noite. Em conversas com os meus colegas da altura, referia por vezes que tinha ajudado uma determinada cliente a arrumar a sua cozinha durante o fim de semana ou que um empresário tinha conseguido eliminar quatro sacos do lixo cheios de papelada com o meu auxílio nessa mesma manhã. Não tardou a que todos na empresa ficassem a saber que eu trabalhava como consultora doméstica. E foi assim que as solicitações para dar aulas de arrumação por parte dos meus colegas e superiores se começaram a multiplicar.

Foram dias cheios e gratificantes, mas nunca me teria ocorrido que este interesse pela arrumação algum dia pudesse vir a tornar-se uma profissão a tempo inteiro. Os meus colegas costumavam retribuir a gentileza dos meus conselhos com convites para uma refeição neste ou naquele restaurante e, apesar de eu aceitar remunerações por parte dos clientes externos à minha empresa, sempre vi nestas aulas um mero biscate, nunca uma profissão no sentido estrito do termo.

Certo dia, um cliente que acabara de concluir as aulas de arrumação virou-se para mim enquanto eu admirava a sua secretária imaculadamente arrumada e disse: «Você devia partilhar este método de arrumação com toda a gente. Isto é algo que só você pode fazer, tem consciência disso?» Por um lado, as suas palavras fizeram-me compreender que muitas pessoas tinham a ambição de arrumar e, por outro, que a ideia de ajudar essas pessoas a concretizar esse objetivo me entusiasmava. Foi a primeira vez em que considerei a hipótese de trabalhar por conta própria. Mais tarde, viria a demitir-me do meu posto na empresa para me poder concentrar a fundo na minha carreira de consultora doméstica.

Desde então, tenho vindo a acumular uma invejável experiência no âmbito da consultoria doméstica. Ao longo deste processo, deparei com profundos equívocos acerca das arrumações. A maioria das pessoas crê, por exemplo, que a arrumação é uma tarefa extenuante que deve ser levada a cabo todos os dias até ao fim da sua existência. É possível que alguns dos nossos leitores pensem da mesma forma, mas na realidade existem dois tipos de arrumação: a arrumação quotidiana e o festival de arrumação. A primeira implica repor artigos usados ao longo do dia no seu devido lugar e determinar onde deve ser guardada qualquer nova aquisição no contexto do seu regime organizativo. Em contrapartida, o «festival de arrumação» passa por pôr em causa todos os seus pertences, perguntando a si próprio se são verdadeiramente importantes para a sua vida atual e organizá-los no contexto do seu sistema de arrumação pessoal. Denomino este processo de «festival de arrumação» porque deve ser encarado com intensidade e de maneira resoluta num intervalo de tempo relativamente curto.

Num local de trabalho, o festival de arrumação não só implica reconsiderar todos os objetos físicos que fazem parte desse mesmo espaço, como também todos os seus aspetos imateriais. Por exemplo, arrumar o seu *e-mail* implica determinar o tipo de mensagens que pretende ter na sua caixa de entrada, e a arrumação do tempo implica decidir quanto tempo quer dedicar a cada atividade. Só assim poderá traçar um quadro completo daquilo que tem e a respetiva quantidade e, ao atentar a cada objeto, um a um, poderá identificar quais deve guardar, onde os deve guardar ou quais merecem ser vistos como prioritários.

Ambos os tipos de arrumação são importantes, mas não há dúvidas que o festival de arrumação é o que tem maior impacto nas nossas vidas. É por isso que eu lhe recomendo que comece pelo festival de arrumação e só depois pense de que forma deverá manter o seu espaço de trabalho arrumado no dia a dia. Se arrumar tudo devida e resolutamente e isso lhe proporcionar a experiência de trabalhar num espaço limpo e ordeiro, as suas células corporais jamais permitirão que se esqueça do tremendo prazer que é trabalhar num ambiente assim. Essa sensação será motivação suficiente para que mantenha o seu local de trabalho arrumado. Como é evidente, esta abordagem não se aplica apenas aos aspetos físicos do seu trabalho, mas também aos imateriais, tais como a documentação digital e as redes de contactos analisadas em detalhe a partir do capítulo 4 deste livro. Comece por avaliar a sua situação atual, determine o que quer realmente guardar e experimente a alegria de trabalhar num espaço arrumado.

Deitemos mãos à obra! Comece por perguntar a si próprio que tipo de trabalho lhe inspira alegria e procure visualizá-lo com nitidez.

De seguida, abra as portas ao festival de arrumação que lhe permitirá tornar o que idealizou em realidade. Com a mentalidade e a abordagem certas, poderá finalmente ter a vida profissional com que sempre sonhou.

3
Arrumar o Seu Espaço de Trabalho

Antes de mais, comecemos por analisar os passos concretos que deve dar para arrumar o seu espaço de trabalho físico. A arrumação dos aspetos imateriais do trabalho será tratada nos capítulos seguintes.

Quer trabalhe à secretária ou tenha um cubículo ou escritório próprio, os passos básicos do Método KonMari para a arrumação do espaço físico de trabalho são os mesmos.

Para começar, arrume apenas espaços que são da sua exclusiva responsabilidade. Esta é uma regra de importância capital e, por outras palavras, significa que deve começar por arrumar a sua própria secretária. Se no seu local de trabalho existirem zonas de uso comum, tais como um repositório de materiais, uma sala de convívio, uma sala de reuniões, por ora deverá esquecer esses espaços, mesmo que não estejam tão arrumados como gostaria que estivessem.

Se trabalha a partir de casa, trate apenas dos artigos relacionados com o exercício da sua profissão, deixando de parte os artigos pessoais. Por exemplo, se alguns dos livros e documentos que possui estiverem relacionados com o seu trabalho e outros não, identifique-os como tal e, por agora, centre a sua atenção apenas nos de natureza laboral. Deixe os artigos pessoais para quando se sentir pronto para arrumar a sua casa.

Os princípios fundamentais são os mesmos caso tenha por espaço de trabalho um estúdio ou uma oficina, mas, dependendo da quantidade de material que tiver, a arrumação poderá revelar-se mais morosa. Consideremos, por exemplo, que o seu espaço de trabalho tem a área de uma garagem ampla, que os armários e prateleiras estão cheios de ferramentas e peças, ou que se faz rodear de um volume considerável de materiais de artes gráficas e de obras de arte. Em casos destes, permita-se mais tempo, até cerca de dois meses, para dar por terminado o processo de arrumação.

De acordo com o Método KonMari, a ordem em que uma arrumação é feita é importante. Na caso concreto da arrumação doméstica, costumo recomendar que se comece pela roupa, avançando depois para categorias de complexidade cada vez maior: livros, papéis, *komono* (objetos variados) e lembranças. Começar por uma categoria simples e ir passando por categorias cada vez mais complexas até chegar à mais desafiante permite-nos apurar a sensibilidade para aferir aquilo que queremos realmente guardar ou deitar fora, assim como a capacidade de escolher o sítio para arrumar as coisas que decidimos guardar. Daí que recomende que a arrumação seja feita por esta ordem. Para arrumar o espaço de trabalho, basta omitir a categoria da roupa e prosseguir através das categorias seguintes: livros, papéis, *komono* e lembranças.

As regras a seguir para arrumar cada uma destas categorias são sempre as mesmas. Dedique-se a uma categoria de cada vez e comece por juntar todos os artigos de cada categoria e subcategoria numa pilha única. Por exemplo, se estiver a trabalhar a subcategoria *komono* de canetas, recolha todas as canetas que conseguir encontrar em gavetas e porta-lápis e coloque-as sobre a sua secretária. Com essa pilha diante de si, escolha quais das canetas pretende guardar. Este processo permite-lhe ficar com uma ideia clara da quantidade de artigos que tem de cada categoria, o que por sua vez facilita a comparação e o processo de decisão para determinar de quais artigos se pretende desfazer e quais pretende conservar. Além disso, fazê-lo também facilita o passo seguinte, que consiste em arrumar artigos em função da sua categoria.

Os cuidados a ter no que se refere ao armazenamento são descritos nas páginas 56-58. Para dar início ao processo de arrumação, tanto pode esperar até ter escolhido o que pretende guardar de todas as categorias, como escolher o que lhe inspira alegria numa categoria em concreto enquanto vai fazendo o mesmo para as restantes.

Uma vez interiorizados estes princípios básicos, está na hora de arrumar a sua secretária por categorias.

Livros: Descubra os Seus Princípios Através da Arrumação

Um *bestseller* que esperava um dia vir a ler, um livro prático de contabilidade que comprou para desenvolver aptidões, um livro que lhe foi oferecido por um cliente, um anuário distribuído pela empresa... Que tipo de livros guarda no seu espaço de trabalho?

Os livros estão cheios de conhecimento valioso que nos pode ajudar no desempenho das nossas funções. Dispostos na secretária ou em estantes, os livros podem ser uma fonte de inspiração e transmitir-nos uma sensação de segurança. Ler durante o intervalo do almoço ou numa pausa para café pode ser motivador e o simples facto de ter livros expostos pode dar um cunho pessoal ao seu local de trabalho. A verdade, contudo, é que muitas vezes temos livros no nosso local de trabalho pelos motivos errados.

No escritório de uma das minhas clientes havia uma estante cheia de livros que ela nunca havia lido. No seu conjunto perfaziam mais de cinquenta volumes e mais de metade estavam votados ao abandono há pelo menos dois anos.

«Vou ler o máximo que conseguir nas próximas férias», afiançou a minha cliente. Porém, quando nos voltámos a encontrar, não fiquei surpreendida ao saber que ela tinha acabado por desistir da ideia. A maior parte dos livros que tinha lido durante as férias tinham sido aquisições recentes. «Deixá-los ali de lado, sem pegar neles, parecia um desperdício tão grande que decidi lê-los na diagonal para despachar», disse. «Comecei a sentir que só estava a ler por obrigação e que a leitura em si não me estava a inspirar alegria nenhuma. E isso pareceu-me um desperdício ainda maior, pelo que decidi que me tinha de desfazer de muitos desses livros.»

Depois de tudo isto, ela optou por guardar apenas uma rigorosa seleção de quinze volumes no seu escritório. Tal como nós, os livros também atingem um ponto alto nas suas vidas. É nessa altura que devem ser lidos, mas é muito habitual que nos escape o momento certo. E você? Também guarda livros no trabalho que já viram melhores dias?

Para arrumar os seus livros, comece por juntá-los todos num mesmo sítio. Talvez pense que seria preferível fazer uma triagem observando apenas as lombadas sem retirar os livros das estantes, mas por favor não salte esta etapa. Os livros esquecidos há muitos anos nas estantes tornam-se parte da paisagem. De tal forma, que a sua mente deixa de dar por eles mesmo que estejam no seu campo de visão. Isso torna muito mais difícil a triagem dos livros que realmente lhe inspiram alegria. Como tal, é absolutamente necessário segurar cada exemplar nas suas mãos para que possa perceber cada livro como uma entidade independente.

Se sentir dificuldades em perceber se um livro lhe inspira alegria, experimente colocar algumas perguntas a si próprio. Por exemplo: Quando comprou o livro em questão? Quantas vezes o leu? Faz tenção de o reler? Caso se trate de um livro que ainda não teve oportunidade de ler, imagine-se pela altura em que o comprou. Essa memória poderá ajudá-lo a decidir se ainda precisa desse livro. Se o livro em causa for um daqueles que pensa vir a ler «um dia destes», recomendo-lhe que estabeleça um prazo limite para o fazer. Se não houver um esforço consciente de sua parte, «um dia destes» pode nunca mais chegar.

Outra pergunta que deverá colocar a si próprio tem que ver com o papel que cada livro desempenha na sua vida. Os livros que lhe inspiram alegria são aqueles que o motivam e que lhe dão energia sempre que os decide ler ou reler, aqueles livros que o deixam feliz só de saber que os tem por perto, livros que o deixam a par das últimas tendências e livros, como os manuais práticos, que o ajudam a desempenhar as suas funções da melhor maneira. Em contrapartida, os livros que comprou por impulso ou com o intuito de impressionar alguém, assim como os livros que lhe foram oferecidos mas que duvida que alguma vez venha a ler, desempenharam a sua única e fugaz função no momento em que os comprou ou em que lhe foram oferecidos. Está na altura de os deixar partir com sincera gratidão pelo que lhe deram no passado.

Uma última questão a que importa responder é se voltaria a comprar dado livro caso o encontrasse hoje numa livraria ou se o interesse por esse livro esmoreceu. O facto de ter investido dinheiro em livros não significa que esteja obrigado a ler todos os livros que tem. Muitos desses livros cumprem o seu propósito muito antes de serem lidos, em particular aqueles livros que versam sobre um assunto em comum e que foram comprados na mesma altura. Deve agradecer a esses livros pela alegria que lhe inspiraram no momento em que os comprou e despedir-se deles.

O intuito destas perguntas não é obrigá-lo a desfazer-se de livros sem pensar demasiado sobre o assunto. Pelo contrário, estas perguntas pretendem ajudá-lo a explorar a relação que tem com cada um dos seus livros. A consciência que resulta deste exercício pode ajudá-lo a determinar se um dado livro lhe irá inspirar alegria caso decida ficar com ele.

Por vezes, as pessoas perguntam-me quantos livros devem ter na sua biblioteca, mas não existe um número certo. Seja nos livros como noutras categorias, a quantidade certa varia para cada indivíduo. A maior valia da arrumação é que nos ajuda a apurar o nosso critério pessoal. Se os livros são algo que lhe inspira alegria, a decisão correta é ficar de forma convicta com tantos quantos desejar.

Contudo, o espaço de arrumação no local de trabalho costuma ser limitado. Se alguma vez se sentir a desviar do que idealizou para a sua vida profissional por acumular livros em excesso, pare e ajuste o número de livros de forma que causem menos tensão. Poderá cedê-los para uma estante de livros usados criada para o efeito pela própria empresa, levá-los para casa, vendê-los num alfarrabista ou doá-los a escolas, bibliotecas, hospitais e afins.

Arrumar livros pode revelar-se um poderoso exercício de descoberta pessoal. Os livros que opta por guardar por lhe inspirarem alegria são reveladores dos seus princípios. Ken, engenheiro e meu cliente, abordou-me com o objetivo de criar um espaço de trabalho ordeiro através da arrumação, um local onde pudesse trabalhar com maior eficácia. Quando lhe pedi que me descrevesse o que idealizava para a sua vida profissional, Ken hesitou, apesar de ter sugerido que talvez lhe agradasse a ideia de regressar mais cedo a casa.

Porém, ao passar a sua biblioteca em revista, Ken apercebeu-se de que tinha muitos livros dedicados ao desenvolvimento pessoal, obras que defendiam a ideia de uma vida mais gratificante e o direito a ter paixão naquilo que se faz. Ora, isto pôs em evidência que Ken queria retirar mais prazer do que fazia e sentir-se realizado por dar o seu melhor. Estas revelações ajudaram-no a reencontrar a paixão e o interesse pelo seu trabalho. Como pode ver, as arrumações são odisseias épicas de descoberta pessoal.

Papéis: Deitar Tudo Fora É a Regra Básica

Depois dos livros, a categoria que se segue é a dos papéis. De uma maneira geral, a gestão de documentos e papéis costuma ser o processo mais moroso na arrumação de um espaço de trabalho. Mesmo hoje em dia, numa época em que os *smartphones* e os *tablets* se tornaram ubíquos e o número de documentos impressos reduziu significativamente, as pessoas continuam a viver rodeadas de papel.

No que à papelada diz respeito, a regra básica é deitar tudo fora. Os clientes ficam chocados sempre que lhes digo isto. Como é evidente, não pretendo erradicar por completo os documentos de papel da sua vida. Com isto pretendo apenas transmitir a urgência e resolução necessárias para sermos capazes de guardar apenas papéis absolutamente fundamentais e descartar tudo o resto. Não há nada mais aborrecido num local de trabalho do que a papelada que se acumula dissimuladamente sem darmos por isso. As folhas de papel são objetos tão leves e delgados que as vamos acumulando sem pensar muito no assunto. Contudo, quando precisamos de as ordenar, o processo revela-se extremamente penoso porque exige que analisemos o conteúdo detalhado de cada documento. E o pior é que, quantos mais papéis acumulamos, mais tempo demoramos a encontrar um determinado documento ou relatório de que necessitamos e mais difícil se torna ordená-los no seu conjunto. É por isso que lhe recomendo que reserve um período na sua agenda para se dedicar exclusivamente à arrumação de documentos e papéis.

Tal como para outras categorias de artigos, deve começar por reunir todos os papéis num único sítio e observá-los um a um. A categoria dos papéis é a única que não pode ser selecionada perguntando, documento a documento, se lhe inspiram alegria. Em vez disso, há que analisar em detalhe o conteúdo de cada documento. Os papéis que ainda se encontrem dentro de sobrescritos devem ser retirados e analisados página a página para o caso de algum panfleto publicitário ou outro papel indesejado se ter misturado com documentos relevantes.

Pode ser útil dividir os papéis em várias categorias conforme os examinar. Isto torna o processo de arquivo mais célere e fácil. Duma maneira geral, os papéis podem ser divididos em três categorias: pendentes de resolução, guardados por necessidade e guardados por vontade própria.

A categoria de documentos pendentes de resolução inclui papéis que exigem ação de algum tipo, tais como faturas por liquidar e propostas de projeto que devem ser avaliadas. Recomendo que guarde todos estes documentos numa caixa de arquivo vertical até ter resolvido os assuntos em causa. Desta forma, impede que esses papéis se voltem a misturar com os das restantes categorias.

De seguida, detenhamo-nos nos papéis que guardamos por necessidade. A conformidade corporativa dita que certos relatórios, declarações, contratos e outros documentos sejam guardados por um determinado período de tempo, independentemente de lhe inspirarem alegria ou não. Organize-os por categoria e guarde-os num arquivo ou em pastas numa prateleira. Se não for necessário guardar os documentos originais, pode digitalizá-los e guardá-los eletronicamente (ver capítulo 4). Nesse caso, em vez de digitalizar os documentos enquanto os separa, será mais eficiente juntá-los numa pilha de «documentos a digitalizar» e fazer todas as digitalizações de uma só vez. O processo de digitalização também tem as suas armadilhas, que trataremos de analisar mais à frente.

A última categoria reúne os papéis que você pretende guardar por outros motivos. Nesta categoria tanto se incluem documentos que quer guardar para ter como referência como papéis que lhe inspiram alegria. Guardar ou descartar estes papéis fica à sua consideração. Contudo, uma vez que as recaídas são um problema comum entre pessoas que gostam de guardar coisas «porque sim», recordo-lhe que, por defeito, a regra básica na arrumação de documentos e papéis passa por deitar tudo fora.

Nas minhas aulas de arrumação, sempre que um cliente sente dificuldades em decidir que papéis deve guardar ou descartar, disparo uma bateria de perguntas – tais como «Quando é que precisa disto?», «Há quanto tempo tem isto?», «Com que frequência consulta este documento?», «Tem uma cópia digital deste documento no seu computador?», «Quão grave seria se não tivesse este documento?» e «Isto inspira-lhe alegria?».

Se der por si a debater-se com a decisão de guardar ou descartar um determinado documento, não facilite. Não desperdice esta valiosa oportunidade. Faça perguntas difíceis a si próprio e comprometa-se a examinar os seus papéis de maneira tão minuciosa e absoluta que nunca mais terá de fazer uma arrumação desta escala. Se a ideia de deitar tudo fora o deixa algo relutante, imagine-me a entrar no seu escritório e a dizer-lhe que vinha para triturar toda a sua papelada. O que faria? Que documentos tentaria resgatar desta impiedosa destruidora de papel?

Dependendo do seu tipo de trabalho, é provável que esteja habituado a deitar fora quase todos os papéis. Disse-me uma professora de liceu que se limitava a digitalizar os documentos essenciais e que tinha dois armários de arquivo praticamente vazios, o que se refletia positivamente no seu desempenho.

Um administrador empresarial que conheço adotou o hábito de decidir se precisa de determinado documento assim que o recebe. Habituou-se a passar pela destruidora qualquer documento que não lhe seja estritamente necessário e nunca voltou a ter problemas com pilhas intermináveis de papéis. Mas há que ser cauteloso quando se usa uma destruidora de papel. O mesmo administrador que se tornou tão expedito a organizar documentos acabaria por vir a triturar a carta de renúncia de um dos seus empregados, envelope incluído. (Na verdade, o administrador em causa era o meu antigo patrão e a carta de renúncia triturada era minha.)

Como Arrumar Papéis para Nunca Recair

É possível que alguns dos leitores que chegaram a este ponto se estejam a sentir algo ansiosos. Mesmo depois de uma arrumação profunda, os papéis são matéria que se volta a amontoar rapidamente, pelo que a recaída pode parecer uma inevitabilidade. Mas não precisa de ficar preocupado. Se seguir as três regras de armazenamento que apresento de seguida, nunca mais voltará a acumular papelada desnecessária.

Regra 1: Distribua os papéis por categorias até à última folha.

Comece por distribuir os seus papéis por categorias bem definidas, tais como apresentações, propostas de projetos, relatórios e faturas. Também os pode separar por data, projetos, nome de cliente, paciente ou aluno. Um dos meus clientes, por exemplo, optou por dividir os seus documentos em pastas com títulos como Ideias de *Design*, Ideias de Gestão, Estudo de Inglês, Documentos para Guardar e Lembrar. Adote o sistema que lhe for mais conveniente.

O mais importante é que nunca mais volte a guardar um papel «só porque sim». Está na hora de classificar os seus papéis de forma clara para facilitar o seu trabalho. Certifique-se que todos os papéis têm a sua categoria correspondente.

Regra 2: Guarde os papéis na vertical.

De certeza que conhece alguém que está sempre a perguntar: «Mas onde é que se meteu aquela pasta?» Muitas vezes isso sucede porque essas pessoas têm o hábito de ir empilhando pastas de documentos nas suas secretárias. Empilhar documentos tem duas desvantagens. Em primeiro lugar, torna difícil determinar a quantidade de documentos que tem, o que impossibilita que se aperceba da acumulação de papéis com o passar do tempo e levará inevitavelmente a que a sua secretária fique atulhada. Em segundo lugar, é muito fácil de nos esquecermos das pastas que ficam na base da pilha, o que nos faz perder tempo precioso à procura delas.

Para garantir uma máxima eficácia, é determinante guardar os seus documentos num sistema de pastas suspensas. Coloque cada categoria de documentos numa pasta específica e guarde as pastas num armário próprio para o efeito ou numa caixa de arquivo vertical colocada numa estante. Guardar os papéis desta forma permite aferir com facilidade a quantidade de documentos de que dispõe. Além disso, confere um aspeto limpo e ordenado ao seu arquivo documental.

Regra 3: Arranje uma caixa para assuntos pendentes.
Use uma caixa para assuntos pendentes em que possa guardar os papéis que precisa de resolver no próprio dia. Também neste caso, recomendo que use uma caixa de arquivo vertical que lhe permita perceber num relance quantos documentos precisam da sua atenção. Se preferir, pode optar por um módulo de tabuleiros de secretária e guardar os documentos na horizontal, mas faça um esforço para não se esquecer dos documentos que ficam por baixo de tudo. Assim que tiver tratado dos documentos pendentes, trate de eliminar os que não precisam de ser guardados.

Como em qualquer tipo de arrumação, ordenar papéis torna muito mais fácil a sua gestão, uma vez que lhe permite ficar a saber quantos documentos tem de cada categoria e onde os guarda. Uma vez distribuídos os documentos e definida a categoria a que cada um pertence, atente ao seu espaço de trabalho e determine a superfície máxima que pode consignar ao seu armazenamento. Sempre que essa superfície de armazenamento for excedida, isso significa que a acumulação de papel está a extravasar a área designada, sinal de que precisa de reavaliar os documentos que tem vindo a guardar. Quando isso suceder, reveja os seus documentos, procure aqueles de que não precisa e elimine-os. Se o fizer de maneira regular, conseguirá ter sempre os seus documentos arrumados.

Cuidado com a Armadilha da Digitalização

Digitalizar é muito conveniente. Não há nada mais simples do que servir-se de um *scanner* para digitalizar um documento que decidiu deitar fora e assim guardá-lo em formato digital. Por vezes, esta conveniência pode ser a sua ruína.

Certo dia, um cliente comunicou-me a intenção de digitalizar as páginas mais relevantes de alguns livros antes de se desfazer deles, um processo que acabou por demorar muito mais do que ele inicialmente previra. Ao longo desse período, ele compreendeu que o processo de digitalização em si não lhe inspirava alegria, pelo que decidiu começar a tirar fotografias com o seu *smartphone* em vez de usar o *scanner*. No entanto, este método revelou-se igualmente moroso e, por fim, ele acabou por se desfazer dos livros sem guardar absolutamente nada. Quanto às páginas que digitalizou e fotografou com tanta dedicação, não as voltou a abrir uma vez que fosse.

Dou-lhe ainda o exemplo do proprietário de uma clínica dentária que, nas aulas de arrumação, queria guardar todos os documentos para que fossem digitalizados antes de os deitar fora. O volume de papel pouco diminuía nessas sessões, ao passo que o número de documentos a digitalizar não parava de crescer. Guardados em sacos de papel num canto do escritório, ali ficaram durante um, dois, três meses. Era impossível fazer uma arrumação àquele ritmo. Um ano mais tarde, fiz uma visita ao seu escritório e fiquei chocada ao ver que a pilha de sacos com papéis para serem digitalizados permanecia, intocada, no mesmo sítio. Ao aperceber-se que não tinha usado nenhum dos papéis contidos naqueles sacos durante um ano, ele começou a passá-los em revista, preservando apenas aqueles que eram absolutamente fundamentais e descartando tudo o resto.

É evidente que alguns documentos importantes precisam de ser digitalizados, mas antes de o fazer, pergunte a si próprio se precisa mesmo de guardar todos os documentos que pôs de parte para digitalizar. É importante ter em consideração o tempo que demora a digitalização de tais documentos e também o tempo necessário para salvar e ordenar as suas versões digitais. Se tiver um assistente que se possa responsabilizar por esse tipo de tarefa, muito bem, mas se tiver de o levar a cabo sozinho, saiba que isso lhe poderá roubar muito mais tempo do que pensa. Ainda assim, se quiser guardar documentos para digitalização futura, trate de reservar momentos específicos para o fazer no âmbito das sessões de arrumação que agendar. Se disser a si mesmo que tratará de digitalizar esses documentos quando tiver oportunidade para isso, é sabido que nunca o fará.

Arrume os Seus Cartões de Visita e Reavalie as Suas Relações

Alguma vez lhe aconteceu olhar para um cartão de visita e ficar a pensar quem, neste imenso planeta, lhe teria dado aquele cartão? Incapaz de lhe associar um rosto? Isto acontece com surpreendente regularidade quando arrumamos os nossos cartões de visita. Costumo incentivar os meus clientes a aproveitarem a arrumação para descartar alguns cartões de visita, mas há quem fique de consciência pesada. No Japão, alguns dos meus clientes mostram-se relutantes porque acreditam que esses cartões contêm um pouco da alma da pessoa que os assina. Mas mesmo reconhecendo esse valor, em vez de os atirar para uma gaveta e esquecê-los para sempre, faria mais sentido tratá-los com o devido respeito, agradecer-lhes o serviço prestado e despedir-se deles de forma que proteja a informação neles contida.

Para arrumar os seus cartões de visita, reúna-os todos numa pilha e detenha-se em cada um deles. Um empresário para quem trabalhei como consultora tinha uma coleção de quatro mil cartões de visita. Pouco tempo depois de termos dado início às nossas sessões de arrumação, ele descobriu que não precisava de nenhum cartão porque estava ligado a quase todas as pessoas em causa através das redes sociais. Além disso, tinha o endereço eletrónico de quase todos aqueles com quem alguma vez se correspondera por *e-mail*. Assim, desfez-se de praticamente todos os cartões de visita que tinha, digitalizando um ou outro por conveniência, e escolheu guardar cerca de uma dezena que lhe inspiravam alegria por lhe terem sido dados por pessoas que lhe mereciam especial admiração.

Você também se pode desfazer dos cartões de visita das pessoas com quem estiver em contacto através do *e-mail* ou das redes sociais. Se não tiver tempo para inserir todos os elementos de cada contacto na sua base de dados, guarde apenas o respetivo endereço eletrónico no seu computador ou telefone digitalizando o cartão ou tirando--lhe uma fotografia. A este respeito, também vale a pena servir-se das virtudes das novas tecnologias, tais como aplicações que usam a máquina fotográfica do seu telemóvel como *scanner* para transferir os dados de um cartão de visita para a sua lista de contactos.

Quanto a mim, quando decidi recentemente passar em revista os meus cartões de visita, cheguei ao fim e guardei apenas um – o do meu pai. Guardei-o porque ele trabalha na mesma empresa há mais de trinta anos. Sempre que olho para esse cartão, recordo vividamente a forma como ele sustentou a nossa família ao longo dos tempos através do seu trabalho árduo. Não me consegui desfazer dele, por isso decidi atribuir-lhe um lugar especial na minha secretária.

Se ter alguns cartões de visita por perto lhe servir de inspiração ou encher de energia, não hesite em guardá-los.

Divida o *Komono* em Subcategorias

«Não há fim à vista! Só me apetece desistir!»
«Estou tão confuso.»
«Estou a dar em doido!»

Quando os clientes me começam a enviar *e-mails* neste tom de desespero, é quase garantido que andam a arrumar *komono*. Afinal de contas, de todas as categorias, esta é a que reúne maior número de subcategorias. Material de escritório, *komono* relacionado com *hobbies*, *komono* de cozinha, produtos alimentares, artigos sanitários… A própria lista de subcategorias basta para nos deixar a cabeça a andar à roda. Mas não se preocupe. O número de subcategorias de *komono* num escritório é bastante mais restrito do que as respetivas subcategorias domésticas e, se foi capaz de arrumar os seus documentos e papéis, não há motivo para temer o desafio do *komono*.

Se enfrentar o *komono* com serenidade, ao seu ritmo, rapidamente ficará com uma ideia geral dos tipos de objetos que tem. Entre as subcategorias mais comuns em locais de trabalho contam-se:

Material de escritório (canetas, tesouras, agrafos, fita adesiva, etc.)

Aparelhos elétricos (dispositivos digitais, *gadgets*, cabos, etc.)

Komono do ofício (amostras de produto, materiais de belas-artes, consumíveis, peças, etc.)

Artigos de cuidado pessoal (cosméticos, medicamentos, suplementos, etc.)

Alimentos (chá, aperitivos, etc.)

Comece por reunir todos os artigos de acordo com a sua subcategoria num mesmo local e pegue neles um a um. Se as suas gavetas estiverem de tal maneira cheias que nem consegue ver o que tem lá guardado, retire-as do móvel e despeje o seu conteúdo sobre a secretária ou até mesmo no chão. Ao fazê-lo, poderá ir separando os artigos que pretende guardar e ordenando-os por subcategorias.

Material de escritório

O material de escritório pode ser dividido em dois tipos: artigos de secretária e consumíveis. Ao arrumar esta subcategoria é importante que separe estes dois tipos de artigo.

1. Artigos de secretária: neles se incluem ferramentas como as tesouras e os agrafadores de que precisamos apenas de uma unidade. As pessoas que não sabem o que têm ou quanto têm de determinado artigo costumam ter mais do que precisam. Um dos meus clientes, por exemplo, chegou ao ponto de acumular três afias, quatro réguas idênticas, oito agrafadores e doze tesouras. Quando lhe perguntei por que motivo tinha tantos artigos repetidos, ele deu a resposta atabalhoada de que os achara perdidos e que decidira comprar substitutos, que não tinha consciência de ter tantos artigos repetidos, que lhe parecia útil ter um sempre à mão. No que diz respeito a utilitários de secretária, saiba que precisa apenas de um exemplar de cada

um deles no seu espaço de trabalho. Por isso, trate de escolher um artigo de cada e diga adeus a todos os outros. Caso a sua empresa tenha um espaço de armazenamento de material de escritório ou uma área de trabalho partilhada, poderá depositar aí os artigos excedentários.
2. Consumíveis: Aqui se inclui tudo o que precisa de ter sempre à mão e que gasta a bom ritmo, tal como notas aderentes, clipes, blocos de notas, artigos de papelaria e cartões. Apesar de ser preciso ter um fundo de reserva, será mesmo eficiente ter uma pilha de notas aderentes a atravancar as suas gavetas ou um depósito de dez canetas esferográficas vermelhas? Pense bem em quantas precisa realmente de ter à secretária – por exemplo, cinco pacotes de notas aderentes ou trinta clipes – guarde apenas o número de artigos que lhe pareceu adequado e devolva o que sobra ao depósito de material de escritório da empresa.

Aparelhos elétricos

Ao arrumar *komono* elétrico é muito comum encontrarmos aparelhos avariados ou *gadgets* que há muito se tornaram obsoletos. Será que faz sentido ter estes aparelhos na sua secretária? Há quem tenha as gavetas cheias de auscultadores e carregadores de telemóveis há muito inutilizados. Isto poderia fazer algum sentido se tivesse a intenção de abrir uma loja de cabos elétricos em segunda mão, mas será que precisa de tantos? Alguns desses cabos estão tão irremediavelmente perdidos que nem sabemos a que aparelho pertencem nem para que servem. Não se esqueça que o espaço de arrumação da sua secretária é limitado. Esta é a sua oportunidade para descobrir para que servem realmente esses cabos e despedir-se deles com gratidão.

Komono do ofício

Todas as profissões têm objetos que lhes são próprios. Os artistas têm as suas tintas e telas, os *designers* de acessórios de moda rodeiam-se de contas e fio, as colunistas de cosmética acumulam amostras de produtos de beleza. Conforme a profissão, este tipo de artigos pode chegar-lhe em volume torrencial ou ser simplesmente aborrecido. Mas é precisamente por estes artigos estarem diretamente relacionados com a prática do seu trabalho que têm maior potencial para inspirar alegria nas nossas vidas através da arrumação e para nos manter motivados a levar a tarefa até ao fim.

Veja-se o caso de Leanne, artista a quem as tintas de óleo não inspiravam qualquer alegria apesar de serem ferramentas de inquestionável utilidade no seu ramo. Para resolver essa situação, Leanne decidiu mudar de técnicas e materiais e criou um novo estilo de raiz. Também conheci uma ilustradora que se lançou numa nova carreira como figurinista depois de descobrir o seu fascínio por têxteis e uma pianista que se achou num impasse e redescobriu a paixão pela música depois de se desfazer de algumas partituras antigas. Estou habituada a ouvir histórias destas. Para quem trabalha em áreas criativas, guardar apenas aquilo que as faz felizes parece restituir a inspiração perdida e alimentar a criatividade. A arrumação do nosso contexto físico abre espaço para nós e para a nossa mente, o que por sua vez nos ajuda a desenvolver novas ideias e a dar largas à criatividade.

Pegue em cada artigo desta subcategoria e pergunte a si mesmo se lhe inspira alegria. Se prestar atenção aos seus sentimentos, deverá emergir uma resposta surpreendentemente esclarecedora. As células do seu corpo saltam de alegria ou afundam-se como chumbo.

Artigos de cuidado pessoal

Entre os artigos de cuidado pessoal incluem-se cremes de mãos, gotas oftálmicas, suplementos vitamínicos e outros produtos que nos ajudam a ter um bom desempenho no nosso trabalho. Ficar sentado à secretária durante horas a fio pode deixar os ombros tensos, as costas doridas e os olhos cansados. Ter produtos destes por perto para aliviar estes sintomas físicos é motivo de felicidade.

Kay, uma cliente que trabalhava numa agência de publicidade, tinha uma grande predileção pelos seus acessórios de relaxamento. Durante as nossas sessões de arrumação, encontrámos muitos artigos desse tipo nas suas gavetas, entre os quais um massajador do couro cabeludo e máscaras descartáveis para os olhos. Quando lhe perguntei por aqueles artigos, explicou-me que precisava deles para serenar e fazer face à sua preenchida agenda. «Este produto ainda nem está à venda no Japão», disse-me com indisfarçável orgulho. «E acho que este aparelho facial vai ser um êxito.» Ela parecia claramente obcecada com produtos de relaxamento.

Intrigada pela quantidade de produtos que guardava, perguntei-lhe se os costumava usar todos. A sua resposta, contudo, foi surpreendente. «Uso este óleo aromático quando perco o último comboio e preciso de me acalmar», disse. «E esta máscara de ervas para os olhos é muito boa para os dias em que passo dez horas ao computador. Esta bola de massagens é ótima para desfazer nós. Quando toda a gente se vai embora, ponho-a no chão e deito-me em cima dela. É fantástico!»

As explicações pareciam profundas e detalhadas. Quanto mais a ouvia, mais claro se tornava que, apesar de ter todos aqueles artigos de relaxamento, a sua situação laboral era incrivelmente exigente. Não pude deixar de lhe perguntar: «Trabalhar assim inspira-lhe alegria?»

Com o tempo, ela viria a reduzir o número de horas extraordinárias que dedicava ao trabalho e levou mais de metade destes artigos de volta para casa. Hoje em dia usa-os para descomprimir em casa depois do trabalho. «Refletir sobre como seria a minha vida profissional perfeita permitiu-me ver que seria mais feliz se usasse estes artigos para relaxar em casa em vez de o fazer no escritório.» O seu rosto exibia uma renovada vivacidade e ela parecia muito menos tensa.

Por muito maravilhosos que sejam os artigos de cuidado pessoal que guarda no seu local de trabalho, se a sua vida profissional não lhe inspira alegria, ao apoiar-se neles está a pôr o carro à frente dos bois. Comece por projetar a sua vida laboral perfeita e, só depois, decida que produtos de cuidado pessoal são realmente úteis para levar a cabo o que idealizou. E que produtos não são.

Aperitivos e produtos alimentares

Uma das minhas clientes trabalhava para uma empresa de meios de comunicação e tinha metade de uma das suas gavetas ocupada com um carregamento impressionante de pacotes individuais de *ketchup*, sal, guardanapos e talheres de plástico acumulados em virtude de muitas refeições de *takeaway*. Contudo, até dar início ao processo de arrumação, nunca se tinha apercebido do que acumulara. A descoberta foi chocante para ela.

Tem o hábito de acumular *snacks*, guloseimas e pastilhas elásticas na sua secretária? Se assim for, verifique os respetivos prazos de validade e defina um limite para o número de produtos alimentares a ter à mão a partir de hoje. Esta é a sua oportunidade para dizer adeus aos excessos e repor a ordem na sua secretária.

Curiosamente, enquanto dava aulas de arrumação em empresas americanas, descobri algo próprio desta categoria que nunca tinha visto em escritórios japoneses. Adivinha o que foi? Bebidas alcoólicas. Poderá não ser o caso em todas as empresas americanas, mas nas que tive a oportunidade de visitar, encontrei sempre funcionários com bebidas alcoólicas nas suas secretárias. Sabendo que os trabalhadores japoneses jamais se atreveriam a beber no local de trabalho, esta descoberta foi uma revelação para mim. Conhecer características culturais diferentes é o que torna tão interessante fazer arrumações noutros países.

Lembranças

A última categoria é também a mais desafiante porque é constituída por objetos com valor sentimental, tais como fotografias e correspondência. Foi por isso que a decidi deixar para o fim. Ao arrumar os objetos das categorias anteriores, poderá aprender a discernir o que tem autêntico valor para si e apurar a sua capacidade de escolher aquilo que lhe inspira alegria.

Tal como para as anteriores categorias, também aqui deve começar por reunir todos os objetos no mesmo sítio. Segure cada objeto nas mãos e pergunte a si próprio: *Será que isto me irá inspirar alegria se o deixar na secretária?* Se a resposta for que em tempos esse objeto lhe serviu de apoio no trabalho, mas que já não precisa dele, agradeça-lhe pelo auxílio que lhe prestou e despeça-se dele com gratidão. Aproveitar esta oportunidade para refletir sobre a forma como cada objeto lhe permitiu desempenhar o seu trabalho de forma competente reveste o processo de arrumação de um profundo significado. Se tiver demasiados objetos que lhe inspiram alegria para o espaço disponível na sua secretária, escolha alguns para levar para casa. Poderá acelerar o processo se for guardando num saco alguns dos artigos que pretende levar enquanto faz a arrumação. Mas não se esqueça de levar esse saco para casa quando tiver terminado.

As pessoas que sentem particular dificuldade a arrumar lembranças podem fotografar os artigos antes de se despedirem deles. Ao arrumar o escritório, Scott sentiu alguma dificuldade em despedir-se de algumas cartas e desenhos feitos pelas suas filhas. Fotografar essas lembranças ajudou-o a separar-se delas. Hoje em dia, utiliza o lugar em que essas lembranças antes se encontravam para guardar as mais recentes oferendas das suas filhas, enchendo esse recanto de alegria.

Fotografe Antes de Descartar

Vários estudos têm vindo a comprovar que fotografar uma lembrança pode ser uma forma eficaz de ajudar o seu proprietário a desfazer-se dela. Num desses estudos, os investigadores anunciaram uma campanha de arrecadação de fundos com dois cartazes diferentes que foram respetivamente afixados em duas residências de estudantes. Um dos cartazes incentivava apenas os estudantes a recolher e doar as suas lembranças, ao passo que o outro incentivava os estudantes a fotografarem as suas lembranças antes de as doarem. Os estudantes da residência cujo cartaz sugeria que fotografassem de antemão as suas lembranças angariaram mais 15% de doações.

S. S.

Arrumar a Secretária

Uma vez escolhidos os objetos que lhe inspiram alegria, está na altura de os arrumar. Eis três regras básicas de arrumação a ter em conta.

Regra 1: Designe um sítio para guardar cada artigo e arrume por categoria.

A razão pela qual as pessoas têm recaídas depois de se terem dado ao trabalho de fazer uma arrumação a fundo é que não se decidem a respeito do local onde guardar cada tipo de item. Ao não saberem onde guardar as coisas quando as usam, o seu espaço de trabalho rapidamente volta a ficar desordenado. É por esse motivo que você precisa de decidir onde guardar cada tipo de artigo. É muito mais fácil manter a arrumação quando se adota o hábito de devolver cada artigo ao respetivo sítio depois de o usar.

É importante não haver dispersão nos locais onde guardamos artigos de uma mesma categoria. Arrumar tudo de cada categoria no mesmo sítio permite-lhe aferir com um relance a quantidade de que dispõe de cada artigo. Isto traz outras vantagens. Quando sabemos com exatidão aquilo que temos, não caímos no risco de acumular em excesso nem de comprar artigos redundantes.

No contexto de um escritório, é habitual que os cartões de visita e os artigos de papelaria fiquem na primeira gaveta. Os artigos elétricos, de cuidado pessoal e alimentares devem ser guardados na segunda gaveta e os documentos e papéis na terceira. Esta é a disposição básica para uma secretária de escritório genérica, mas pode variar consoante o tipo de secretária que tem e o tipo de tarefas associadas ao desempenho da sua função. Adapte esta configuração da forma que melhor lhe convier e crie um espaço de trabalho que o faça sentir-se cómodo.

Regra 2: Use caixas e arrume na vertical.

O espaço de arrumação duma secretária é extremamente limitado, pelo que deverá aproveitar ao máximo a superfície de que dispõe. As caixas são excelentes para isso. Pode usar caixas de diferentes medidas como forma de repartir uma gaveta. Guarde artigos da mesma categoria em caixas adaptadas ao seu tamanho e forma. Por exemplo, poderá usar uma caixa pequena para guardar *pens* e uma caixa média para artigos de cuidado pessoal tais como os suplementos vitamínicos. Os objetos mais pequenos ficam mais bem arrumados se forem dispostos na vertical numa caixa em vez de serem depositados diretamente numa gaveta sem divisórias. A caixa impede que se percam numa miscelânea imperscrutável e permite-lhe perceber de relance onde está cada coisa assim que abrir a gaveta.

Qualquer tipo de caixa que caiba na gaveta serve. Pode comprar caixas especificamente para este propósito ou reutilizar caixas que tenha por casa. Eu costumo reutilizar caixas de cartões de visita e de telemóveis. Têm o tamanho adequado para guardar numa gaveta, pelo que são fáceis de usar. O segredo está em guardar o máximo de artigos na vertical. Isto não só confere à gaveta uma aparência mais ordeira, como também permite maximizar o espaço disponível. Todos os artigos com tamanho para isso devem ser guardados na vertical. No meu caso, até as borrachas e os blocos de notas aderentes costumam ser arrumados de pé.

Regra 3: Não guarde nada no tampo da secretária.

O tampo da sua secretária é uma superfície de trabalho, não é um armário. A regra de ouro é que não deve usar a secretária para guardar nada. Escolha uma das suas gavetas ou estantes para guardar todos os objetos de cada uma das categorias. Tanto quanto possível, aquilo que se encontra na sua secretária deverá ser apenas o que necessita de utilizar no imediato para o projeto que tiver em mãos. Quando começar a fazer a sua arrumação, tenha sempre presente a imagem de uma secretária totalmente desimpedida. As pessoas que o fazem costumam dar por terminado o processo de arrumação com apenas um computador portátil, um ornamento ou uma planta sobre a secretária.

Deverá designar um sítio para arrumar até aquilo que usa diariamente, tal como uma caneta ou um bloco de notas. Os meus clientes costumam ficar surpreendidos quando percebem que não é de todo inconveniente ter estes artigos de uso quotidiano arrumados longe da vista. Quando percebem que ter uma secretária limpa e arrumada lhes permite concentrarem-se exclusivamente no trabalho, rapidamente se habituam a manter esse estado de ordem.

É claro que isto não implica que tenha a sua secretária completamente vazia. Se lhe for mais conveniente ter as ferramentas de escrita num porta-lápis em cima da secretária em vez as guardar numa gaveta, é isso que deverá fazer. O que mais importa é a nossa predisposição. Devemos partir sempre do pressuposto que não queremos ter nada sobre o tampo da secretária e, só então, escolher judiciosamente alguns dos artigos que nos inspirem alegria ou facilitem o nosso trabalho se aí os guardarmos.

Em resumo, devemos organizar tudo por categorias, servir-nos de caixas para ordenar as gavetas e evitar arrumar quaisquer artigos sobre a secretária. Deve ter estas três regras em mente quando traçar o seu plano de arrumação. Determine onde deve ser guardado cada artigo e saiba exatamente o que tem, do objeto maior ao mais pequeno.

Como Arrumar Pode Mudar a Sua Vida

Nas últimas páginas, descrevi em traços gerais os passos necessários para arrumar o seu espaço de trabalho físico em cada uma das suas categorias. Espero que os ache úteis. Se ainda se sente algo ansioso por lhe parecerem ser demasiados passos ou por não ter conseguido fazer uma arrumação com sucesso após várias tentativas, não se preocupe.

Ao longo do meu percurso tive a oportunidade de ajudar muitas pessoas a arrumar os seus locais de trabalho. Até as que se gabam de não ter muito para deitar fora acabam por reduzir em dois terços a quantidade de objetos de que se fazem rodear. E isto sucede apenas porque essas pessoas agrupam todos os seus pertences em categorias, seguram-nos, um a um, nas suas mãos e perguntam a si próprias se vale mesmo a pena guardá-los. Ao avaliar cada artigo individualmente, torna-se evidente que existe uma tremenda discrepância entre aquilo que a princípio nos parece necessário e aquilo que julgamos que vale mesmo a pena guardar depois de avaliarmos os objetos um a um.

Da mesma forma, apesar de muitas pessoas estarem convencidas de que, por terem tanta tralha, precisam de pelo menos meio ano para arrumar a sua secretária, também é muito comum vê-las concluir o processo de arrumação em menos de uma semana. Como pode ver, existe uma diferença notável entre aquilo que imaginamos que possa ser um processo de arrumação e o ato de arrumar em si. É precisamente por isso que seria um desperdício imperdoável ler este livro sem o levar à prática, sobretudo se se identificar com algumas das ideias aqui expostas. Só a prática lhe permitirá experimentar o verdadeiro valor da arrumação.

Mas qual será o seu verdadeiro valor? Penso que vai muito além da fantástica sensação que possa eventualmente sentir por ter uma secretária limpa ou por ver melhorar o seu desempenho no trabalho. Arrumar é uma oportunidade para se redescobrir a si próprio. Ao encarar cada um dos seus pertences um a um e perguntar a si próprio se estes lhe inspiram alegria ou se podem contribuir para um futuro feliz, poderá começar a discernir de uma maneira muito clara o que você quer realmente e o que o faz feliz. Quando der as arrumações por terminadas, a sua mentalidade, o seu comportamento e as suas escolhas terão mudado. E isto fará a sua vida passar por uma profunda transformação. Tive a oportunidade de testemunhar isto com inúmeros clientes, mas gostaria de inscrever nestas páginas uma história muito particular. A história que conta como Mifuyu, através da arrumação, fez uma tremenda descoberta sobre si própria que haveria de mudar a sua vida por completo.

A Experiência Marcante Que Mudou a Vida de Mifuyu para Sempre

Mifuyu era uma representante de *marketing* bem-sucedida numa revista de moda de luxo de uma das principais editoras japonesas. Como era de esperar para alguém que trabalhasse nesse ramo, Mifuyu tinha um salário generoso, vestia as marcas da moda e estava a par das últimas tendências. A sua brilhante carreira deixava muitos dos seus pares a roerem-se de inveja. Contudo, por uma razão ou por outra, ela tinha uma sensação enervante de que algo não batia certo na sua vida, de que se andava a obrigar a ser quem não era. Mifuyu decidiu inscrever-se em aulas de arrumação porque queria descobrir quem realmente era.

Ela começou por arrumar a sua casa e escolheu o que queria guardar em função do que lhe inspirava alegria. Ficou surpreendida ao perceber que o seu casaco de 2000 dólares e os vestidos de estilistas que pendurara meticulosamente no seu armário não lhe inspiravam qualquer alegria. Da mesma forma, não sentiu qualquer interesse nos vários pares de sapatos de salto-agulha que mal tinha usado. Em contrapartida, sentiu vontade de guardar todas as peças de roupa em que se sentia verdadeiramente confortável, tais como *t-shirts* lisas e brancas, calças de ganga e um xaile azul-marinho cuja textura adorava. No fim de contas, decidiu ficar apenas com um quarto de tudo o que lhe pertencia.

Impressionada com o efeito que a arrumação podia ter na sua vida, Mifuyu decidiu tentar repetir o processo no seu espaço de trabalho. No fim de semana seguinte, deslocou-se ao escritório a uma hora em que este estaria vazio. Como é habitual no mundo editorial, o tampo da sua secretária estava coberto de revistas e manuscritos e as gavetas estavam cheias de papelada vária. Contudo, após quatro horas de arrumação intensiva, o seu espaço de trabalho parecia novo e reluzente, uma secretária digna de primeiro dia de trabalho. Mifuyu decidiu guardar apenas com duas pastas translúcidas com documentos de assuntos pendentes, algum material de escritório e três livros.

Na segunda-feira, ao chegarem à redação, os seus colegas detiveram-se na secretária de Mifuyu, incrédulos perante semelhante mudança. «Estás a pensar demitir-te?», perguntaram. Mas ninguém estava mais incrédulo do que a própria Mifuyu. O que mais a surpreendera fora a transformação que havia experimentado na sua vida pessoal. Por um lado, sentia-se muito mais estável do ponto de vista emocional. Pouco antes de iniciar o processo tinha-lhe sido diagnosticada uma depressão relacionada com o excesso de trabalho que a deixou uns tempos de baixa. Porém, a arrumação parecia ter-lhe restituído o equilíbrio emocional e sentia-se agora capaz de trabalhar com a compostura devida.

Antes disso, quando as coisas não lhe corriam bem no trabalho, Mifuyu sentira-se constantemente mergulhada num turbilhão de emoções. Culpava as circunstâncias, as pessoas que a rodeavam, e dizia coisas como «Isto não podia ter vindo em pior altura» ou «Tudo isto porque ele resolveu dizer o que disse». Diminuía-se constantemente, remoendo e repreendendo-se por erros cometidos no passado. Contudo, depois de fazer a arrumação, Mifuyu aprendeu a aceitar os seus erros de maneira construtiva, dizendo a si própria que para a próxima tentaria fazer as coisas de maneira diferente e sentindo até uma certa gratidão pela oportunidade de aprendizagem que cada erro proporcionava.

Talvez lhe pareça que nada disto está relacionado com as arrumações, mas muitas pessoas que levam o processo de arrumação até ao fim experimentam mudanças deste tipo. Encarar os nossos pertences através da arrumação é confrontar o nosso passado. Haverá alturas em que nos arrependemos das nossas aquisições ou em que nos sentimos envergonhados pelas decisões que tomámos. Mas encarar semelhantes sentimentos com franqueza e abrir mão de pertences com gratidão por nos terem ajudado a perceber de que é que realmente necessitamos é uma maneira de mostrar reconhecimento por decisões passadas. Ao repetir reiteradamente o processo mental de identificação daquilo que verdadeiramente queremos e decidir o que fazer em função do que nos inspira alegria, adotamos uma perspetiva positiva que reafirma cada escolha feita.

«Eu sei que os meus atos foram da minha inteira responsabilidade», disse-me Mifuyu. «Mas, antes de fazer a arrumação, custava-me aceitar que a situação em que me encontrava fosse o resultado de escolhas pessoais. Tinha-me convencido de que era incapaz de tomar a decisão certa quando importava. Mas ao encarar os meus pertences um a um, comecei a ver as coisas de outra forma. Decidi não pensar demasiado, viver uma vida mais simples e fazer do que me inspira alegria a linha mestra de todas as minhas decisões. Percebi que ser responsável pelos meus atos implicava ser franca para comigo na forma como vivia a minha vida. Acho que isso me ajudou a serenar e a ser mais complacente.»

O ritmo de trabalho de Mifuyu também aumentou exponencialmente. Antes da arrumação, ela achava que os prazos serviam para serem adiados e acabava o trabalho sempre em cima da hora. Depois da arrumação, começou a ser capaz de acabar os seus projetos muito antes do prazo definido. «Deixei de perder tempo à procura de coisas. Mesmo que não tenha um documento de que preciso, posso sempre pedi-lo a um colega ou descarregá-lo da Internet. É muito mais rápido e eficiente perceber que nos falta algo e agir em conformidade do que passar uma eternidade à procura de algo sem sequer ter a certeza de que o temos.» A vida de Mifuyu passou a ser muito menos tensa, uma vez que ela deixou de perder tempo à procura deste tipo de coisas.

Mas esse não é o único motivo que justifica o aumento no ritmo de trabalho de Mifuyu. Ela não adotou o Método KonMari apenas para arrumar a casa e o escritório, mas também para pôr em ordem a sua informação digital, tal como os contactos do seu telemóvel, as suas relações pessoais e outros conteúdos relacionados com o trabalho e com a gestão do seu tempo. Passar a escolher o que pretende preservar de acordo com o que lhe inspira alegria foi determinante para adotar o estilo de vida que ambicionava. Como resultado, rejeitou projetos de que não precisava e definiu um estilo de trabalho centrado apenas no que ela acreditava ser importante.

Três anos mais tarde, Mifuyu não só se tornou comentadora televisiva no noticiário nacional, como também escreveu vários livros. Demitiu-se da referida empresa para poder trabalhar por conta própria e assim concretizar o seu sonho de longa data de se tornar trabalhadora independente. No Japão, ela é vista como um exemplo brilhante de uma mulher que tomou a decisão de ter um estilo de trabalho personalizado. Viaja pelo mundo munida do seu *smartphone* e computador portátil, colaborando apenas com pessoas e em projetos de que verdadeiramente gosta. É o seu próprio estilo de vida que alimenta a sua escrita. Ao arrumar tanto o seu espaço de trabalho físico como o imaterial, ao optar apenas pelo que lhe inspira alegria, Mifuyu conseguiu inspirar alegria no trabalho no verdadeiro sentido da palavra.

De Arrumar os Aspetos Físicos a Arrumar os Aspetos Imateriais do Seu Espaço de Trabalho

Tal como Mifuyu, muitas pessoas que concluem o processo de arrumação da vertente física do seu espaço de trabalho acabam também por reavaliar os aspetos imateriais do trabalho, tais como a informação digital guardada no computador, os *e-mails* que guardam na caixa de entrada, as redes de contactos e a forma como gerem o seu tempo. Quando alguém arruma um espaço físico sopesando o que lhe inspira alegria e experimenta a sensação libertadora de trabalhar num espaço limpo e ordeiro, é compreensível que procure arrumar tudo o resto da mesma forma.

Mas como é que o podemos fazer? Aplicando os princípios do Método KonMari descritos no capítulo 2: projete a sua vida laboral perfeita, faça uma arrumação por categorias, comprometa-se com um prazo e arrume de forma rápida e resoluta. Para escolher o que pretende guardar e deitar fora, procure basear-se nos critérios expostos nas páginas 37-38: artigos que lhe inspiram alegria de maneira direta, artigos que inspiram alegria funcional e artigos que podem conduzir a alegrias futuras.

Dito isto, todas as categorias imateriais têm atributos próprios que importa ter em conta ao fazer arrumações. Scott abordará este tema em detalhe do capítulo 4 ao capítulo 10, enquanto eu partilharei paralelamente algumas reflexões sobre a gestão da informação digital, do tempo, das redes de contactos, de processos de decisão, assim como de reuniões, equipas e cultura de trabalho, temas aos quais não nos podemos escusar se pretendemos inspirar alegria no trabalho através da forma como colaboramos com os demais.

Mesmo que a lista de categorias imateriais lhe pareça intransponível a princípio, não desista. Ficará surpreendido ao perceber que basta começar para se encher de vontade de aplicar as suas competências de arrumação em todos os âmbitos da sua vida. É esse o profundo impacto que a arrumação pode ter na sua vida. Por isso, agarre-se à sua projeção mental de uma vida profissional plena de felicidade e siga em diante.

4
Arrumar o Trabalho Digital

Tony, profissional de *marketing* numa empresa do setor energético sediada no Reino Unido, costumava perder muito tempo a decidir onde guardar os seus documentos digitais e à procura dos ficheiros de que precisava. Fosse na rede, em aplicações da Microsoft, no disco do seu computador, em programas de natureza colaborativa como o Yammer, os seus ficheiros pareciam estar sempre numa balbúrdia. O fluxo imparável de *e-mails* e as mensagens de texto e de voz que tanto tempo lhe roubavam tornavam toda a situação ainda mais insustentável.

A tecnologia que Tony adotara havia tomado o seu horário de trabalho de assalto – influencia que se estendia a noites e fins de semana – e ele precisava de tomar medidas drásticas para corrigir a situação. Começou por dar o passo ousado de alterar a mensagem do seu correio de voz:

A sua mensagem não será ouvida. Por favor envie-me um e-mail *e o seu contacto merecerá a devida resposta consoante o nível de prioridade.*

É certo que existiam muitas outras formas de as pessoas o contactarem, mas esta pequena retificação permitiu que Tony finalmente sentisse que tinha a situação sob controlo no trabalho. Esta mudança motivou-o a olhar de forma diferente para o *e-mail*. Claro que não podia passar a ignorar por completo o *e-mail* se não queria acabar despedido – hoje em dia, quem é que pode? Portanto, Tony fez o que podia. Passou a digerir tudo o que recebia no próprio dia para impedir que as mensagens se acumulassem. Respondia no próprio dia a pedidos simples e tratava de tudo o resto no prazo de uma semana. Hoje em dia sente-se muito mais feliz no trabalho – e isso é algo que até os seus colegas notaram. O que a princípio parecia ser um conjunto de mudanças radicais acabaria por ser adotado por muitos dos seus colegas.

Não há falta de conselhos sobre como gerir o seu correio eletrónico e organizar os seus ficheiros e *smartphone* e parece haver bastante diversidade de opiniões no que diz respeito à gestão da dimensão digital das nossas vidas. Cada emprego tem as suas exigências tecnológicas. Por exemplo, em determinadas empresas é obrigatório usar um *software* de mensagens específico. Noutras profissões, como as do âmbito da saúde e segurança públicas, estar sempre disponível faz parte do trabalho. Terá de ser você a descobrir o que melhor se adequa ao seu caso para que possa seguir um determinado plano. Ao arrumar a sua vida digital, o seu principal objetivo deverá ser encontrar uma forma de ter mais controlo sobre a tecnologia que utiliza.

Para a maior parte das pessoas, a vida digital divide-se em três âmbitos: documentos digitais, tais como relatórios, apresentações e folhas de cálculo; *e-mails* e aplicações de telemóvel. Há um problema comum a todos estes âmbitos: tornou-se tão fácil guardar tudo que é precisamente isso que fazemos – de tal modo, aliás, que acabamos por sentir que temos pouco domínio sobre as soluções tecnológicas que adotámos para nos ajudar. E, ao contrário dos objetos físicos, por norma só damos pela acumulação desmedida de tralha digital quando é tarde de mais – isto é, quando ficamos sem espaço de armazenamento, não conseguimos encontrar um ficheiro essencial, os dispositivos eletrónicos tornam-se insuportavelmente lentos ou quando somos atingidos com salvas de notificações. Talvez lhe custe a acreditar, mas isto não é uma inevitabilidade.

Para ter controlo sobre a sua vida digital, deve abordá-la categoria a categoria, começando pelos documentos, seguindo-se os *e-mails* e finalmente as aplicações de telemóvel.

Não Precisa de Muitas Pastas para Guardar os Seus Documentos Digitais

Comece a arrumação pela pasta «Documentos» do seu disco rígido ou da unidade de rede e pelas respetivas subpastas onde deverá encontrar a maior parte dos seus ficheiros e documentos. Uma vez concluída esta parte, dedique-se a arrumar o ambiente de trabalho. No que se refere a outras pastas que podem ser encontradas na maior parte dos computadores, tais como as pastas de imagens ou de vídeos, pode adotar uma abordagem semelhante à que de seguida descrevo. Comece por examinar cada ficheiro armazenado na pasta «Documentos» e respetivas subpastas e pergunte a si próprio:

Preciso deste documento para fazer o meu trabalho?
Este documento contém orientações ou ideias para futuros projetos?
Será que este documento me inspira alegria?

Se a resposta a estas perguntas for negativa, apague o ficheiro.

Talvez lhe baste ler o nome do ficheiro para se lembrar do seu conteúdo, mas também pode ser necessário abri-lo. Se uma subpasta contiver vários ficheiros sobre um tema concreto que decidiu eliminar, não hesite em apagar a própria subpasta.

Não pretendo que se meta em sarilhos, pelo que deverá ter sempre em consideração as orientações próprias da organização para a qual trabalha no que diz respeito à preservação de documentos ou as normas próprias do setor. Se lhe for impossível apagar documentos, trate de os mover para uma pasta de arquivo externa à pasta principal de documentos. Apesar de não deixarem de ocupar espaço de armazenamento, assim garante que esses documentos ficam separados dos que pretende guardar deliberadamente. Com menos distração visual, será mais fácil encontrar aquilo de que precisa.

Independentemente do setor ou da organização em que trabalha, a maioria das pessoas pode apagar versões de rascunho de documentos, listas de tarefas concluídas e esvaziar o lixo ou a reciclagem. Costumo esvaziar o lixo no último dia de cada mês.

> Exprima Gratidão pelos Ficheiros Eliminados
>
> Descarte os seus ficheiros digitais com gratidão, tal como o faria com haveres materiais. Em vez de agradecer a cada ficheiro individualmente, basta ligar o seu «botão de agradecimento» e agarrar-se a esse sentimento enquanto põe a sua tralha digital em ordem.
>
> A ideia é despedir-se de todos os seus dados digitais, até do ficheiro mais insignificante, com gratidão pelo papel que desempenharam na sua vida. Se conseguir fazer isto, não precisa de se preocupar com mais nada.
>
> M. K.

A tecnologia de pesquisa evoluiu de tal forma que hoje em dia é muito mais fácil pesquisar documentos. Contudo, a investigação demonstra que as pessoas continuam a preferir encontrar documentos através da navegação por pastas do que fazer buscas. Há algo de reconfortante em saber exatamente onde está guardado um determinado documento e mesmo que esteja habituado a pesquisar por documentos, é importante que tenha os seus materiais digitais organizados. Além disso, se tiver demasiados ficheiros dispersos pelo computador, pode obter resultados incorretos ou irrelevantes nas suas pesquisas. Ninguém quer que uma pesquisa por um qualquer «projeto» apresentado recentemente a um cliente devolva resultados relacionados com o último «projeto» de obras para renovar a sua casa! E caso tenha muitas versões parecidas de um mesmo documento, poderá ser difícil determinar qual a mais recente.

Crie um punhado de pastas principais para minimizar o tempo gasto a refletir onde guardar cada novo ficheiro. Uma vez feita essa divisão, pode usar a barra de pesquisa dentro de cada pasta para localizar rapidamente o que precisa. Cada emprego tem os seus requisitos, mas as três pastas principais que adotei servem para ocupações de diversa natureza.

Projetos em curso, com uma subpasta para cada projeto. (Procure não ter mais do que dez pastas no total. Afinal de contas, quantos de nós estão envolvidos simultaneamente em mais de dez projetos? Se for o seu caso, no próximo capítulo poderá aprender a arrumar o seu tempo.)

Registos, onde poderá guardar diretrizes e procedimentos que usa com regularidade. Por norma, estes ficheiros são providenciados por terceiros e não lhe competirá a si alterá-los. Neles se incluem, entre outros, contratos legais e fichas de registo de trabalhadores.

Arquivo de trabalho, onde se guardam documentos de projetos passados que voltará a usar no futuro. Por exemplo, ficheiros que lhe podem ser úteis para projetos novos, tais como uma apresentação feita para um cliente no passado que possa servir de referência para apresentações futuras. Neste arquivo cabe também o fruto de pesquisas que possam vir a revelar-se úteis, tais como a análise das referências de mercado ou o estudo do próprio setor. Também pode ser do seu interesse guardar alguns projetos para reunir um portefólio a partilhar com potenciais clientes e formandos.

Se tiver por hábito guardar ficheiros pessoais no mesmo equipamento em que guarda ficheiros de trabalho, crie uma pasta «Pessoal» para impedir que se misturem.

Mantenha os documentos digitais sempre organizados. É muito mais fácil manter a ordem quando se cria um conjunto pequeno e intuitivo de pastas principais. Se decidir guardar um novo ficheiro, certifique-se de que o coloca na pasta indicada. Caso contrário, deverá apagá-lo de imediato. A utilidade destas pastas irá melhorar à medida que for juntando ficheiros semelhantes no mesmo local e guardando apenas aquilo de que realmente precisa. Uma vez concluído um projeto, deve decidir se faz sentido movê-lo para a pasta de «Arquivo de trabalho» ou se o deve descartar por completo. Por último, não há necessidade de guardar ficheiros como as normas da empresa se estiverem disponíveis noutros locais, ou se não crê que venha a precisar deles.

Use o Ambiente de Trabalho a Seu Favor

O ambiente de trabalho deve ser visto como um lugar especial, mas para muitas pessoas é apenas um aterro digital. Nele se costumam encontrar ficheiros descarregados que apenas se utilizaram uma vez, fotografias velhas e documentos há muito esquecidos. Eu costumava ter tantos documentos no ambiente de trabalho que chegava ao ponto de não conseguir ler os seus nomes! Sempre que ligava o computador era saudado por uma imensa bagunça visual, com a agravante de praticamente tudo o que atravancava o ambiente de trabalho há muito ter deixado de ser útil.

Transforme o seu ambiente de trabalho num espaço agradável que facilite o seu trabalho e lhe inspire alegria.

Nele poderá guardar versões de trabalho de documentos que precisam da sua atenção, tais como relatórios a ler, apresentações que precisa de trabalhar no próprio dia ou faturas por saldar. Também costumo ter uma pasta que me «Inspira Alegria» no ambiente de trabalho. No meu caso, esta pasta inclui ficheiros como um artigo de investigação da minha autoria que muito me orgulha, a ocasional avaliação de formação cheia de louvores ou um vídeo de uma palestra que dei. Tenho por hábito atualizar o conteúdo desta pasta sempre que publico novos artigos, quando dou novas aulas ou contribuo com palestras para novos clientes. Também gosto de lá guardar uma fotografia recente da minha família. Para acabar, escolha um fundo de ecrã inspirador que lhe transmita alegria.

O Ambiente de Trabalho do Computador de Marie

As únicas coisas que tenho no ambiente de trabalho do meu computador são uma pasta chamada «Armazenamento» e alguns ficheiros, tais como fotografias, para uso no próprio dia.

Para mim, o ambiente de trabalho é um espaço de trabalho equiparável à secretária, pelo que só deixo à vista aquilo que pretendo usar de imediato. Nesse sentido, a pasta de armazenamento seria como um armário de arquivo. Dentro desta pasta encontram-se duas subpastas, uma com o nome de «Documentos» e outra chamada «Fotos», assim como um ou outro documento que preciso de rever com brevidade e fotografias que penso usar nos próximos dias. A pasta «Fotos» contém fotografias que pretendo usar em projetos num futuro próximo.

A pasta «Documentos» contém documentos, apresentações de PowerPoint e ficheiros em formato PDF. Adoro classificar e ordenar, pelo que opto por ter uma pasta diferente para cada uma destas categorias, mas, para ser franca, não é preciso ir tão longe. Pode encontrar qualquer documento com facilidade se fizer uma pesquisa por palavras-chave.

É na pasta de «Fotos» que o uso de categorias se revela crucial. Ao serem descarregadas, as fotografias costumam ter nomes irreconhecíveis que dificultam qualquer tipo de pesquisa, mas seria irrealista mudá-los um a um. É por isso que é preferível separá-las por pastas em função do uso que pretendemos fazer delas. No meu caso, isso significa que tenho pastas de fotografias relacionadas com o meu trabalho, tais como «Fotografias de Arrumação» ou «Capas de Livros», assim como pastas intituladas «Para o Instagram» e «Para o Blogue», em que guardo temporariamente fotografias que apago assim que são usadas.

A alegria que um ambiente de trabalho arrumado inspira pode revelar-se viciante, mas devo confessar que só comecei a ter o cuidado de arrumar o meu ambiente de trabalho recentemente. Um dia um fã interpelou-me enquanto eu trabalhava num café, com o computador portátil aberto diante de mim. Fiquei tão envergonhada com a desarrumação que reinava no ecrã que desde então decidi manter o ambiente de trabalho sempre organizado.

> As categorias a atribuir a estas pastas dependem do que melhor se ajustar ao seu ramo de trabalho. As ideias aqui expostas devem ser vistas apenas como sugestões que lhe podem servir como referência.
>
> M. K.

Não Permita Que o E-mail *Se Sobreponha ao Trabalho*

É sabido que enviamos e recebemos demasiados *e-mails*, mas talvez não tenha consciência da verdadeira dimensão do problema que isso implica. Em média, um trabalhador de escritório costuma dedicar metade do dia de trabalho a *e-mails*, e a investigação diz-nos que mais de metade desses funcionários são da opinião de que o *e-mail* prejudica o seu desempenho no trabalho. Era o caso de Sasha. Como muitos proprietários de pequenas empresas, esta consultora de *branding* sentia-se na obrigação de estar sempre disponível para os seus clientes. Estar tão dependente do *e-mail* deixava-a de tal forma ansiosa que a tensão interferia com o seu sono – e com o seu negócio. «Investia tanto do meu tempo a abrir caminho por entre *e-mails* e a tentar manter tudo em dia que sabotava qualquer perspetiva de crescimento e a minha própria produtividade», confessou.

Diz-nos a investigação que quanto mais tempo se passa a consultar o *e-mail*, maior a quebra na produtividade e a subida dos índices de stresse. Sasha tinha consciência disso, pelo que decidiu definir períodos na sua agenda para responder às mensagens dos seus clientes e evitar por completo o *e-mail* no resto do dia. Com a decisão tomada, tratou de comunicar aos clientes aquele que seria o seu «horário de escritório» para responder a *e-mails*. A princípio, preocupava-lhe que essa medida pudesse desagradar os seus clientes ou transmitir a ideia de que esta mudança representaria um decréscimo na atenção prestada ao cliente. Na realidade, foi uma mudança vantajosa para todas as partes. Sasha conseguiu garantir o tempo de que precisava para se concentrar no seu verdadeiro labor e os clientes passaram a receber de sua parte *e-mails* menos frequentes, mas mais esclarecedores.

Sei perfeitamente que é tentador estar constantemente a consultar a caixa de entrada do nosso *e-mail*. Conheço a sensação. Em parte porque tenho medo que me escape algo importante, mas também porque me convenci que para ser responsável há que estar sempre disponível. Talvez por isso, gosto de me relembrar ocasionalmente que tenho outras obrigações e que, por norma, são bastante mais importantes. Se você se sente constantemente tentado a ler *e-mails* e a responder o quanto antes, defina um «horário de escritório» para esse propósito e reconquiste o espaço para trabalhar sem interrupções – mesmo que isso signifique ignorar a caixa de entrada apenas trinta minutos por dia.

De acordo com vários estudos, existem três maneiras diferentes de gerir o *e-mail*. Qualquer uma pode dar problemas.

Há quem opte por manter a sua caixa de entrada sempre limpa. Estes **arquivadores frequentes** estão sempre atentos aos *e-mails* recebidos e, sempre que lhes chega uma nova mensagem, entram em ação. Deixam a meio o que estavam a fazer, leem a mensagem recebida e arquivam-na de imediato. O problema é o seguinte: a interrupção provocada por um único *e-mail* pode implicar uma demora de cerca de 26 minutos até conseguir retomar o ritmo de trabalho no ponto em que o deixou.

Os arquivadores frequentes prestam a si próprios um serviço ainda pior se recorrerem a uma taxonomia de categorias complexa e fragmentada. Além de exigir bastante tempo de manutenção, um sistema desse tipo torna difícil encontrar mensagens e etiquetar devidamente os *e-mails*. Com efeito, vários estudos demonstram que ter mais do que vinte pastas na caixa de entrada duma conta de *e-mail* torna a sua gestão simplesmente demasiado complicada. Com o excesso de pastas, perdemos demasiado tempo à procura da pasta indicada para cada mensagem e, mais tarde, a tentar lembrarmo-nos onde a guardámos.

Uma segunda forma de abordar o *e-mail* consiste em limpar o *e-mail* de tantos em tantos meses. Estes **arrumadores de primavera** passam por fases de acumulação de *e-mails* em que são incapazes de encontrar alguma mensagem, seguidos de breves períodos em que têm a caixa de entrada praticamente vazia por terem apagado quase tudo. É o pior dos dois mundos – estas pessoas vivem mergulhadas em tralha digital e, em resposta, fazem uma limpeza cega em que se perdem mensagens importantes. Eu sei que há um certo entusiasmo associado à ideia de esvaziar uma caixa sobrelotada, mas esse entusiasmo rapidamente se transforma em frustração se alguma mensagem importante for apagada por engano.

A terceira abordagem consiste em permitir que os *e-mails* se acumulem indefinidamente na caixa de entrada. Estes **anarquivistas** não sabem ou não pretendem gerir o seu *e-mail*. Ficam à mercê da ferramenta de busca do programa. A tecnologia de pesquisa atual é bastante sofisticada, devolve resultados muito mais precisos e céleres se não tiver de sondar montanhas de mensagens irrelevantes.

Gerir o *e-mail* não precisa de ser uma complicação – nem uma demora. Basta salvar e ordenar o que for presumivelmente necessário de futuro num conjunto restrito e lógico de pastas.

Comece com a caixa de entrada, que deverá ser vista como um mero ponto de passagem para *e-mails* que requerem a sua atenção. A caixa de entrada não serve para armazenar *e-mails* que pretende guardar por tempo indefinido, nem para guardar todos os *e-mails* que receber.

Quando tiver de decidir se deve guardar um determinado *e-mail*, coloque a si próprio as seguintes questões:

> *Preciso de guardar este* e-mail *para fazer o meu trabalho no futuro?* (Por vezes precisamos de voltar a uma troca de *e-mails* ou de documentar uma conversa.)

> *Será que reler este* e-mail *me proporcionará conhecimento, inspiração ou motivação para projetos futuros?*

> *Será que este e-mail me inspira alegria?*

Cabe-lhe a si adotar uma abordagem que faça sentido para si e para o seu trabalho. Tal como no caso dos documentos digitais, procure ter um número razoável de pastas – num máximo de dez, incluindo subpastas. Dado que pode pesquisar por *e-mails*, sempre que os projetos estiverem relacionados entre si poderá guardá-los numa pasta comum. Por exemplo, se tiver como projetos «Blogue», «Instagram» e «Facebook», poderá criar uma pasta denominada «Redes Sociais» para agrupar todas as mensagens relacionadas com redes sociais.

As pastas de registo também se podem revelar úteis para guardar, entre outros, diretrizes partilhadas pelo seu administrador. Gosto sempre de ter uma pasta da alegria em que guardo *e-mails* que gosto de ler quando estou a ter um dia difícil – *e-mails* de alunos a agradecerem uma aula excecional, palavras elogiosas ao meu trabalho de investigação escritos por outros académicos e agradecimentos de clientes a propósito de compromissos de consultoria ou de palestras. Se houver um *e-mail* com um ficheiro anexo importante que pretenda guardar, é preferível guardá-lo na pasta indicada junto a outros documentos digitais do mesmo tipo.

Uma vez esvaziada a sua caixa de entrada e arquivados os seus *e-mails*, vire a sua atenção para as pastas existentes. Comece por identificar as pastas que vale a pena preservar. Seria tremendamente moroso examinar todos os *e-mails* contidos nessas pastas se costuma guardá-los por defeito. Descarte por completo as pastas de que já não precisa – no meu caso, as pastas relacionadas com disciplinas que deixei de lecionar são um bom exemplo. De novo, importa garantir que está a observar os requisitos da organização para a qual trabalha e do respetivo setor no que se refere à conservação de dados. Além disso, deixe a pasta de *e-mails* «Enviados» tal como está. É uma pasta pesquisável e não merece a pena fazer o esforço de perscrutar seletivamente todas as mensagens nela incluídas.

Por fim, trate diariamente dos *e-mails* recebidos. Com cada nova mensagem que lhe chegue, em vez de pensar que tudo deve ser guardado, deve começar a pensar que tudo deve ser eliminado a menos que haja um bom motivo para não o fazer. É preferível marcar vários períodos ao longo do dia para se dedicar ao *e-mail*, tal como o início e o fim do dia, do que fazê-lo de forma desregrada. É natural que, por vezes, algo que lhe parecia merecer resposta imediata pela manhã, acabe por apenas se resolver ao fim do dia, mas marcar períodos específicos na agenda para se dedicar ao *e-mail* também lhe permite reduzir distrações e concentrar-se no trabalho que é mais importante para si. Dê a conhecer o seu sistema a todas as pessoas cujo trabalho depende de si e partilhe uma forma alternativa de contacto para assuntos urgentes para que não se sinta na obrigação de consultar o *e-mail* a toda a hora.

Talvez lhe pareça que o método acima descrito jamais dará resultado consigo. Talvez seja anarquivista há demasiado tempo e esteja habituado a dizer a si próprio: «Sou uma causa perdida. Há muito que deixei o meu *e-mail* votado ao abandono.» Caso se sinta assoberbado, tenho um pequeno truque para partilhar consigo. Selecione todos os seus *e-mails* e mova-os para a pasta de mensagens arquivadas. A pasta não deixa de ser pesquisável e, mesmo que lhe devolva alguns resultados errados, o motor de busca está sempre à sua disposição caso precise de recuperar alguma mensagem. Arquivados todos os *e-mails*, comece de novo com o cuidado de guardar apenas aquilo que for estritamente necessário e de ordenar os *e-mails* que receber desse momento em diante com base num grupo restrito de, no máximo, dez pastas. Confunde-lhe a ideia de que, neste mundo digital, lhe esteja a sugerir que empurre toda a tralha da caixa de entrada para uma pasta de armazenagem? Se isso o faz sentir feliz, prefiro que tenha uma maior sensação de controlo sobre a sua vida digital do que um *e-mail* perfeitamente ordenado.

Independentemente da abordagem que adotar para gerir o seu *e-mail*, creio que podemos concordar que receber um menor volume de *e-mails* é positivo. Não confunda o seu *e-mail* com o seu trabalho. O *e-mail* é apenas uma de muitas ferramentas de que dispõe para fazer o seu trabalho, mas nunca deve ser confundido com o trabalho em si.

Comece pelas *newsletters* e *mailing lists*. Foi você que as subscreveu – talvez na esperança de melhorar o seu desempenho no trabalho –, mas chegou o momento da verdade: quais é que contribuem realmente para que concretize a vida profissional que idealizou e quais são apenas mais uma fonte de ruído? Comece a arrumá-las tendo em mente a ideia de que irá cancelar todas as subscrições e conserve apenas aquelas que lhe inspirem alegria. Repita este processo para qualquer *newsletter* que venha a receber depois de fazer esta arrumação.

De seguida, reduza o número de *e-mails* que envia. Não deve enviar *e-mails* apenas porque é fácil fazê-lo. Ao enviar apenas os *e-mails* de trabalho estritamente necessários, não só está a dar o exemplo aos seus colegas como receberá menos respostas.

Dirija os seus *e-mails* apenas às pessoas que são responsáveis por uma ação concreta ou que dela precisem de ser informados ou consultados. Não exagere na quantidade de pessoas que põe em cópia a cada mensagem. Se lhe for conveniente, fale com os seus colegas, pergunte se querem ser incluídos nessa cadeia de *e-mails* e fique a conhecer melhor as preferências de cada pessoa. Faça uma breve pausa para reflexão antes de adicionar destinatários à sua mensagem e pergunte a si próprio: será que estou a adicionar esta pessoa à lista de destinatários porque precisa de ser informada ou porque preciso de obter uma resposta de sua parte? Esses são bons motivos para adicionar alguém a uma conversa, mas não adicione destinatários apenas para os vexar ou acusar perante um grupo ou para se dar ares de importância.

Seja especialmente judicioso ao usar o botão «Responder a todos». Se pretende esclarecer uma questão que é apenas relevante para o remetente, escreva apenas ao remetente. Não queira ser aquela pessoa que enche a caixa de entrada de toda a gente apenas para dar resposta a um pedido de RSVP sobre os seus planos para a noite.

A Caixa de Entrada de Marie

Sempre que vejo uma acumulação significativa de *e-mails* por ler, penso logo numa caixa de correio a abarrotar com cartas.

Os únicos *e-mails* que guardo na minha caixa de entrada são aqueles que aguardam solução, os *e-mails* que requerem resposta imediata ou algum tipo de reação, ou *e-mails* que pretendo ler atentamente mais tarde. Para que o volume de *e-mails* seja comportável, nunca tenho mais do que 50 na caixa de entrada. Este é o número máximo de *e-mails* que é possível ver no ecrã do computador sem ter de usar a barra de deslocamento. Se for preciso guardar algum desses *e-mails*, arrasto-os para pastas simples com etiquetas como «Trabalho», «Pessoal» e «Finanças». Os *e-mails* são particularmente fáceis de encontrar usando o motor de busca do serviço ou *software*, pelo que não deve ser necessário definir muitas categorias.

Apago de imediato os *e-mails* de que não preciso, tais como *newsletters* que já li. As mensagens que estão na pasta «Spam» ou «Lixo» há mais de 30 dias são eliminadas automaticamente. Ainda assim, como a acumulação de *e-mails* é algo que me deixa desconfortável, às vezes opto por eliminar o conteúdo destas pastas manualmente. Talvez seja um pouco radical da minha parte, mas até os praticantes de *feng shui* dizem que arrumar a caixa de entrada lhe permite aceder à informação de que precisa quando dela precisa. Se acha que não lhe tem chegado a informação de que precisa atempadamente, ou se pretende melhorar a sua sorte no trabalho, recomendo vivamente que arrume a caixa de entrada do seu *e-mail*.

M. K.

Menos Aplicações, Menos Distrações

Em média, usamos o *smartphone* cerca de 85 vezes por dia, o que perfaz um total de mais de cinco horas a olhar para o ecrã. Isto tem a sua explicação. Muitas aplicações são desenvolvidas para serem viciantes e conseguem desviar a nossa atenção do trabalho que temos para fazer.

Mas o que é mais chocante é o seguinte: mesmo com o som desligado, a mera presença de um *smartphone* na secretária pode conduzir a um pior desempenho nas nossas funções. Numa experiência, um grupo de investigadores pediu aos participantes que pusessem os seus telemóveis num de três locais: sobre a secretária, guardado no bolso ou na carteira ou noutra divisão. De seguida, pediram a todos os participantes que levassem a cabo o mesmo conjunto de tarefas, entre as quais se incluíam alguns exercícios matemáticos e um teste simples de memória. Todos os telemóveis usados neste ensaio estiveram sempre em modo silencioso e, no caso dos que ficaram pousados sobre a secretária, com o ecrã virado para baixo. Desta forma, nenhum dos participantes podia sequer saber se tinha recebido uma mensagem ou notificação.

Ao analisarem os resultados, os investigadores descobriram algo surpreendente. Quanto mais acessível o telemóvel se encontrava – sendo que a mais acessível das três situações era tê-lo pousado na secretária – piores eram os resultados obtidos nos testes de matemática e memória. A mera presença do telemóvel fez com que os participantes tivessem um desempenho pior! Os investigadores concluíram que saber que o telemóvel está por perto distraía e cansava mentalmente os participantes, mesmo que o telemóvel estivesse completamente silenciado e o seu ecrã longe da vista. Pensar no que podemos estar a perder ou pensar no que poderíamos estar a fazer se tivéssemos o telemóvel na mão também consome recursos mentais. Noutro estudo, um grupo de alunos saiu prejudicado num exame pelo simples facto de terem um telemóvel consigo. Sim, quando devidamente utilizados, os telemóveis podem ser ferramentas produtivas, mas se estivermos demasiado dependentes deles acabam por prejudicar o nosso desempenho. Procure silenciar todas as notificações que não lhe sejam essenciais e mantenha o telemóvel longe da vista quando não precisar dele. Desligue-o durante as refeições e guarde-o longe de si à noite. Não precisa de ter o telemóvel sempre consigo. Um estudo recente demonstrou que cerca de três quartos da população dos EUA levam o telemóvel consigo sempre que vão à casa de banho. Acredite no que lhe digo: tanto o *e-mail*, como as mensagens de texto ou quaisquer notificações que possa vir a receber podem esperar que puxe o autoclismo!

Se tiver menos aplicações instaladas no seu telemóvel, terá menos distrações e motivos para o ter por perto. Ainda que pareça entusiasmante descarregar as aplicações da moda, a verdade é que para a maior parte das pessoas não é habitual desinstalar aplicações, mesmo que sejam claramente desnecessárias e não inspirem alegria. Fazer uma limpeza de aplicações permite ganhar espaço de armazenamento e capacidade de bateria para as aplicações que lhe inspiram alegria.

Pegue no seu telemóvel e reveja todas as aplicações que tem instaladas. Primeiro, pergunte a si próprio: *Será que esta aplicação é obrigatória?* Algumas empresas determinam que todos os seus funcionários tenham instaladas determinadas aplicações ou que instalem aplicações em função dos cargos que ocupam, pelo que essas terão inevitavelmente de permanecer no seu telemóvel.

De seguida, pergunte a si próprio: *Será que esta aplicação me ajuda a trabalhar melhor?* Quer seja uma aplicação de produtividade ou de gestão financeira, conserve as aplicações que o ajudam a ser melhor naquilo que faz ou que o deixem mais próximo da vida profissional que idealizou. Não arranje desculpas para manter certas aplicações, tais como *Eu paguei por esta aplicação* ou *Pode vir a dar jeito*. Se está esquecida no seu telemóvel há meses, não julgue que um dia vai acordar cheio de vontade de a usar.

Por último, pergunte a si próprio: *Será que esta aplicação me inspira alegria?* Conserve todas as aplicações que gosta verdadeiramente de utilizar.

Depois de refletir sobre estas questões, caso encontre uma aplicação que não vale a pena guardar, desinstale-a sem hesitações. Se por alguma razão essa aplicação vier a revelar-se necessária, basta voltar a instalá-la e, por norma, isso nem implica ter de voltar a pagar por ela.

Com o seu rol de aplicações reduzido, está na altura de as dividir em diferentes categorias e organizar o ecrã do seu telemóvel. Quando separar as aplicações em categorias, pense no propósito que cada aplicação serve e a frequência com que a usa. Uma das possíveis abordagens a este problema consiste em agrupar as aplicações mais utilizadas no ecrã principal. Em alternativa, pode dividir as aplicações por pastas como «Produtividade», «Empresa», «Redes Sociais», «Viagens», etc. Se não tiver muitas aplicações instaladas, basta dividi-las em «Trabalho» e «Casa». Cada um de nós utiliza o telemóvel à sua maneira, pelo que não se pode dizer que uma abordagem seja melhor do que outra.

As Aplicações de Marie

O ecrã principal de um *smartphone* pode ser uma fonte importante de alegria se for devidamente destralhado. Gosto de manter as aplicações mais usadas, tais como a aplicação de *e-mail*, calendário e fotografia, no ecrã principal. Agrupo as restantes aplicações em três pastas com os nomes de «Negócios, Vida» e «Alegria». Apesar de ter apenas cerca de dez aplicações visíveis, faço questão de as dividir em três ecrãs distintos e de as alinhar pelo topo. Desta forma consigo ver o que realmente me inspira alegria sempre que olho para o meu telefone: as fotografias das minhas filhas.

É muito mais divertido arrumar quando nos concentramos em fazer com que o ecrã do nosso telemóvel inspire alegria em vez de nos lamentarmos pela balbúrdia reinante.

M. K.

Nunca se esqueça que deve ser você quem manda na relação com os seus dispositivos tecnológicos. Dê espaço para que a tecnologia o ajude a progredir na sua vida profissional e a perceber de maneira mais clara de que forma o seu trabalho pode ser uma fonte de alegria. Quando arrumar os seus documentos digitais, *e-mails* e aplicações de *smarthphone*, vai começar a perceber que tudo isto são meras ferramentas para o ajudar a trabalhar, não são um armazém imenso para arquivar os mais ínfimos detalhes da sua vida profissional!

5
Arrumar o Tempo

Os dias de Christina costumavam começar pelas seis da manhã e acabar por volta da meia-noite, na cozinha, sentada diante daquela que seria a única refeição do dia – uma taça de cereais. Era um momento de rara serenidade, no conforto do lar, uma vez que a maior parte do seu dia decorria num emprego que ela considerava verdadeiramente insuportável. Em teoria, o emprego parecia ajustado às suas expectativas. Christina geria uma *start-up* integrada numa organização sem fins lucrativos, o que lhe permitia conjugar a sua vontade de ajudar os demais com o seu espírito empreendedor. Mas, afinal, qual era o problema?

A sua agenda era caótica! Por sentir que os seus esforços não eram devidamente reconhecidos no trabalho, aos poucos Christina decidiu aventurar-se em vários projetos paralelos. Pensava que preencher a agenda com ações de voluntariado e a matrícula num segundo mestrado lhe permitiram sentir-se mais inteligente, talentosa e produtiva, mas não só isso não sucedeu, como Christina acabou esgotada.

Além do mais, e apesar da sua agenda preenchida, Christina mostrava-se sempre disponível quando alguém a solicitava. Era-lhe mais fácil responder afirmativamente a um qualquer compromisso no futuro do que ter de dar uma nega difícil e constrangedora no presente. E, a partir do momento em que uma atividade ficava registada no seu calendário, Christina sentia-se na obrigação de comparecer. Em resultado disso, tinha a agenda sempre completamente lotada num horizonte de seis semanas.

A sua vida pessoal ressentia-se com o pouco tempo que sobrava para família e para os amigos. Não cuidava da sua saúde, esqueceu por completo a sua vida amorosa e sentia-se permanentemente infeliz. Sem estratégias para arrumar o tempo, foi a agenda que passou a ditar como Christina vivia a sua vida.

O primeiro passo que Christina deu para retificar esta situação consistiu em pensar no que seria a sua vida profissional perfeita: «Quero ter margem para poder aceitar o que surge espontaneamente. Quero apanhar um comboio atrasado ou andar atrás de uma criança de passada curta sem me sentir desesperada por me estar a atrasar ou preocupada por o meu dia planeado ao milímetro correr o risco de desmoronar. Quero sentir-me menos zangada.»

Numa segunda fase, exportou todos os compromissos marcados na sua agenda para uma folha de cálculo de Excel, estimou o tempo que teria de dedicar a cada uma das atividades agendadas e comparou esses números com o que tinha idealizado para o seu tempo. Além disso, também avaliou cada atividade em função da alegria que lhe inspirava. Christina nem queria acreditar no que estava a ver. Mais de metade do seu tempo era dedicado a atividades que não lhe inspiravam alegria. Andava a investir o seu precioso tempo no que não devia.

Para dedicar mais tempo a atividades que a aproximassem da vida profissional que idealizara, Christina parou de responder automaticamente «sim» a cada solicitação que lhe era feita e aprendeu a responder «não» por defeito, abrindo pontuais exceções para as atividades que mais lhe diziam. «Vim a compreender que o caos que afetava a minha agenda era resultado de uma certa necessidade de participar em atividades que me deixassem feliz para compensar todas as outras em que me sentia infeliz em vez de lidar com essas fontes de infelicidade», concluiu.

Christina tratou de cancelar os compromissos que pensava não merecerem o seu tempo. Neles se incluíam reuniões recorrentes que eram marcadas de forma automática na sua agenda e a que os organizadores muitas vezes compareciam atrasados e sem uma ordem de trabalhos preparada. Pediu ainda aos seus colegas que tivessem em consideração o seu tempo, por exemplo, substituindo um encontro de meia hora por um telefonema rápido sempre que possível. Apesar de algumas pessoas terem ficado incomodadas com a sua resistência, a maioria mostrou-se compreensiva. Christina chegou a inventar prazos para projetos para solicitar o adiamento de alguns compromissos. O mais curioso é que poucos respondiam a essa solicitação de adiamento, o que demonstrava que ela não era a única a dar pouco valor à reunião em causa.

Como é evidente, Christina não deixou de ter as suas responsabilidades no trabalho. Havia *e-mails* a responder e tarefas a desempenhar a que o emprego inevitavelmente a obrigava, mas desta forma conseguiu eliminar da sua agenda muitas atividades desnecessárias. Com mais tempo do seu lado, começou a gozar os pequenos prazeres da vida – cozinhar o jantar, praticar exercício físico com regularidade, saborear um *brunch* ocasional e divertir-se na companhia de amigos ao fim de semana. Pouco tempo depois encontrou o amor da sua vida, de quem havia de ficar noiva!

Durante essa fase em que Christina reativou a sua vida pessoal, surgiu uma oportunidade apenas possível graças à sua nova maneira de gerir o tempo. Aceitou um convite de última hora para uma gala e, enquanto saboreava a refeição, conversou com um executivo de uma *start-up* que mais tarde lhe viria a fazer uma proposta de emprego. Este encontro fortuito acabou por proporcionar a Christina a oportunidade a que ela tanto ambicionara – um novo início para a sua carreira e um ambiente de trabalho que valorizava o seu contributo e tempo.

Todos os trabalhos implicam uma certa dose de frustração e o novo emprego de Christina não era diferente. Mas, por essa altura, ela já não era escrava da mentalidade «Responder afirmativamente a tudo» que a deixara sobrecarregada num emprego que pouca alegria lhe inspirava. Como a própria acabaria por reconhecer, «Não gosto de tudo no meu novo emprego, mas hoje em dia consigo perceber se tenho ou não tenho vontade de trabalhar num determinado projeto. Se o meu trabalho coletivo não abre perspetivas de felicidade, algo me diz que está na altura de mudar.»

O segredo para fomentar a alegria no trabalho consiste em dedicar mais tempo a funções que nos fazem felizes e menos tempo a funções que não nos fazem. Isto até poderá parecer relativamente simples de conseguir, mas só até o patrão nos confiar uma tarefa que exija o dobro do tempo que ele imagina, um colega nos pedir um favorzinho «num instante» ou um cliente surgir com exigências que viram o dia do avesso. De uma forma muito pragmática, o que pode ser feito para reivindicarmos o tempo que nos é devido?

A Desordem nas Atividades Perturba o Dia

Se nos conseguirmos desfazer de certa tralha funcional, poderemos encurtar a jornada laboral e sentir mais alegria no que fazemos. Por tralha funcional devemos entender tudo aquilo que fazemos que nos rouba tempo precioso e energia, sendo irrelevante para a nossa missão pessoal, profissional ou até mesmo para a própria missão da empresa. Entre a tralha funcional contam-se as reuniões que não dão a conhecer informação nova nem melhoram o processo de decisão, projetos com possibilidades reduzidas de sucesso e apresentações de estilo imaculado mas sem conteúdo que se veja. Em média, passamos menos de metade do dia de trabalho a desempenhar as nossas principais funções. O resto do tempo é dedicado a interrupções, tarefas não essenciais, tarefas administrativas, *e-mails* e reuniões. Como é que chegámos a este ponto?

Felizmente, o estudo da Psicologia tem algumas respostas para nos dar a este respeito. Existem três armadilhas que podem levar à acumulação de tralha funcional: um vencimento excessivo a troco de trabalho em prol de objetivos descabidos, dar prioridade a tarefas urgentes em detrimento de tarefas importantes e o *multitasking*.

A Armadilha do «Sobrevencimento»

Sou o primeiro a dizer que o trabalho árduo compensa. Quando era miúdo, reparei que os pais de uns gostavam de gabar a inteligência e os talentos dos seus filhos aos pais de outros. Os meus pais nunca o fizeram. Em vez disso, a minha mãe costumava dizer que eu era um rapazinho muito trabalhador. É muito gratificante conseguir fazer algo depois de nos esforçarmos por isso, mas e se muito do seu esforço for desperdiçado por trabalhar em prol de objetivos que não lhe dizem nada?

No trabalho, as pessoas costumam experimentar frequentemente esta sensação de esforço em vão num fenómeno que os psicólogos denominam de «sobrevencimento». Imagine que está a participar num ensaio de investigação. É convidado a entrar numa divisão onde pode ouvir música agradável e tremendamente relaxante, mas tem a possibilidade de abdicar de algum desse tempo de fruição para receber um pouco de chocolate em troca. Ao carregar num botão, a música pára de imediato e é substituída pelo som insuportável de uma serra a cortar madeira, o que põe fim ao seu momento de relaxamento mas lhe permite receber uma guloseima em troca. De acordo com os investigadores, essa guloseima teria de ser comida imediatamente após a experiência, pelo que não a poderia partilhar com terceiros ou guardar para o dia seguinte.

Eu adoro chocolate e é evidente que estaria disposto a trabalhar para receber um chocolatinho. Foi o que fez a maior parte dos participantes neste ensaio. Porém, a certa altura, as coisas começaram a correr francamente mal. Assim que começaram a receber chocolate, os participantes demonstraram grandes dificuldades em parar. No final da experiência, tinham feito por obter muito mais chocolate do que alguma vez seriam capazes de comer – quanto mais terem vontade de o fazer.

O que este ensaio demonstra é que é muito fácil fazer com que as pessoas invistam a sua energia em projetos de pouca importância. Neste caso, os participantes perderam de vista o facto de o objetivo consistir em obter chocolate suficiente para satisfazerem o seu apetite e optaram por acumular o máximo de chocolate possível. Em vez de aproveitarem o tempo da experiência para apreciarem a recompensa obtida, continuaram a trabalhar até à exaustão. E quanto mais excessiva era essa compensação, menos gratificante lhes parecia o chocolate. Ora, isso impediu-os de colher os frutos ou, melhor, os chocolates do seu trabalho!

Correr atrás do prejuízo e ser competitivo faz parte da nossa natureza, mas é um atributo que nos pode fazer descarrilar a qualquer momento. Quando tiver de decidir de que forma pretende investir o seu tempo, nunca se esqueça: não troque uma atividade de que gosta por uma recompensa a que não dá valor. Ter consciência e sempre em mente o que verdadeiramente queremos e quem verdadeiramente somos pode ajudar-nos a evitar cair na armadilha de correr atrás de objetivos fictícios de que mais tarde nos arrependeremos.

A Armadilha da Urgência

Em lugar de reservarmos tempo para nos entregarmos de forma dedicada ao nosso ofício e saborear a alegria própria de realizar algo significativo, limitamo-nos a saltar de tarefa urgente em tarefa urgente. Com esta forma de trabalhar sobra muito pouco tempo para refletir ou para o crescimento pessoal. Os estudos disponíveis demonstram que metade das atividades de um executivo têm uma duração inferior a nove minutos, o que os deixa sem tempo para reflexões profundas. Um supervisor de produção numa fábrica desempenha em média cerca de 583 ações distintas num turno de oito horas. Os funcionários de cargos médios dispõem em média de apenas um período ininterrupto de um mínimo de meia hora por dia.

Se fizer parte desta maioria, é muito provável que trabalhe regularmente em piloto automático, aceitando e executando tarefas em função do que lhe parece mais urgente, em vez de se concentrar no que é verdadeiramente importante. Não é de estranhar, portanto, que mais de 50% dos trabalhadores se sintam sobrecarregados, o que leva a que os erros se acumulem e se alimente um certo ressentimento a respeito do patronato e até entre colegas.

Levados por caprichos da nossa psicologia que nos levam a pensar que as atividades mais urgentes são também as mais importantes, cedemos à tentação de dar prioridade a tarefas que não a merecem. É fundamental que não confunda tarefas urgentes com tarefas importantes. Não são a mesma coisa.

As tarefas urgentes são aquelas que precisam de ser concluídas num determinado prazo. Caso contrário, não podem ser feitas – levar uma cliente a jantar fora no único dia que está pela cidade, ajudar um colega a cumprir um prazo de entrega ou participar no retiro anual da equipa.

As tarefas importantes são diferentes. Delas podem advir consequências muito positivas caso sejam corretamente executadas ou consequências muito negativas caso não o sejam. Entre estas tarefas contam-se, por exemplo, o desenvolvimento pessoal através da leitura e de ações de formação; a atualização de um produto e o fortalecimento das relações com os colegas de trabalho.

Algumas tarefas são tão importantes quanto urgentes e, quando assim é, a maioria das pessoas concede-lhes a devida prioridade – quer esteja em causa a declaração de impostos, a resposta a uma oferta de trabalho ou a necessidade de acarinhar um cliente insatisfeito. Da mesma forma, não surpreende ninguém que deixemos para segundo plano questões que não são prioritárias nem importantes – passar os olhos irrefletidamente pelas redes sociais ou fazer compras *online* durante o horário laboral (nem sempre!).

E o que dizer de tarefas que são urgentes, mas não são importantes, tais como comparecer na reunião semanal da empresa ou atender um telefonema de um colega? Ou das tarefas que são importantes, mas não urgentes, tais como o plano de carreira a longo prazo? Reflita um pouco sobre isto. A quais destas tarefas acha que vai dedicar o seu dia de trabalho hoje? Muito possivelmente, às tarefas urgentes.

Não é por acaso que costumamos dar prioridade às tarefas urgentes em detrimento das importantes. As tarefas importantes costumam ser de execução mais difícil, o que nos deixa mais hesitantes na altura de lhes dar início. Além disso, as tarefas urgentes têm uma recompensa mais imediata, o que as torna mais aliciantes para quem as inicia como para quem as conclui. Se o seu propósito é sentir-se bem – pelo menos no curto prazo – faz sentido riscar uma tarefa urgente da sua lista de assuntos pendentes. Contudo, importa perceber que fazê-lo significa que não está a desenvolver o tipo de trabalho que realmente importa para a sua carreira e empresa a longo prazo.

Também é comum deixarmo-nos iludir por prazos artificiais. O fenómeno da «falsa urgência» é conspícuo no mundo profissional. Quando um colega ou um cliente lhe pede que resolva algo no prazo de uma semana, alguma vez pensa de onde veio essa «semana»? Em demasiadas ocasiões, de um critério absolutamente arbitrário. Neste tipo de situações, procure sempre confirmar que o prazo dado é mesmo um prazo a cumprir.

Sucede que, ao convencermo-nos de que estamos extremamente ocupados quando, na realidade, não o estamos, isso nos deixa ainda mais vulneráveis perante falsas urgências. Com tanto por fazer e outro prazo urgente a assomar no horizonte, quem tem tempo para refletir sobre a tarefa «importante» que realmente merecia a nossa atenção?

A Armadilha da Multitarefa

De certeza que conhece pessoas, tal como eu conheço, que se gabam da sua capacidade de desempenharem várias funções em simultâneo. São pessoas que gostam de encher a boca com poderes sobre-humanos que lhes permitem fazer tudo – e tudo ao mesmo tempo. Quando pensava no tempo que poderia poupar se fosse capaz de fazer duas coisas em simultâneo, costumava sentir um pouco de inveja dessas pessoas. O que não me ocorria então era que, ao fazerem tantas coisas ao mesmo tempo, essas pessoas provavelmente não estariam a fazer nenhuma delas bem.

Mais tarde, quando me tornei perito em psicologia das organizações, aprendi um segredo: contrariamente ao que fomos levados a pensar, os *multitaskers* costumam ser das pessoas menos produtivas no mundo do trabalho.

Estudos recentes deram a conhecer dois dados surpreendentes sobre o *multitasking*. Em primeiro lugar, demonstraram que o trabalho multitarefa leva à redução da produtividade em cerca de 40%. Em segundo lugar, e de uma maneira geral, os trabalhadores que operam em multitarefa são menos bem-sucedidos no desempenho das suas funções.

O cérebro humano apenas consegue prestar atenção a um número restrito de assuntos em simultâneo. Se esse capital de atenção se dispersa, o cérebro acabará por executar várias tarefas de nível medíocre em vez de executar uma única tarefa particularmente bem desempenhada.

Apesar do que a maioria pensa, a multitarefa não consiste em desempenhar várias atividades em simultâneo. Na realidade, implica alternar rapidamente entre várias tarefas sem chegar a concluir efetivamente nenhuma delas. E como os *multitaskers* não têm uma capacidade de concentração muito desenvolvida nem são especialmente hábeis a alternar entre tarefas, costumam cometer muitos erros.

Além do mais, com o tempo, o *multitasking* leva a que as pessoas passem a dar prioridade às atividades erradas. Tal como as pessoas que se deixam apanhar na armadilha da urgência, os *multitaskers* costumam reagir perante o que surge diante de si em determinado momento em vez de se dedicarem ao que mais importa para atingir objetivos de longo prazo e, muitas vezes, de crucial importância. As desvantagens do *multitasking* multiplicam-se com o aumento do nível de dificuldade de determinada tarefa.

Se o *multitasking* nos torna menos produtivos, porque é que ainda há quem continue a trabalhar desta maneira? As pessoas que se dedicam a várias tarefas em simultâneo não o fazem por serem particularmente hábeis, fazem-no por serem incapazes de resistir a distrações e por manifesta incapacidade de se concentrarem numa tarefa em concreto. No fundo, compensam as suas insuficiências tentando fazer várias coisas ao mesmo tempo. Não se deixe enganar pelo equívoco de que os *multitaskers* são trabalhadores mais produtivos e que qualquer pessoa deve aspirar a trabalhar como eles. Isso é um perfeito disparate. Desempenhar várias tarefas em simultâneo de forma medíocre nunca foi sinónimo de produtividade.

Faça Uma Lista de Tarefas para Descobrir Qual É o Seu Verdadeiro Trabalho

Qual é o melhor uso que pode dar ao seu tempo quando uma agenda preenchidíssima o puxa em várias direções ao mesmo tempo? O segredo para evitar as armadilhas do sobrevencimento, da urgência ou do *multitasking* é estar atento à forma como gere o seu tempo – e procurar dedicá-lo a atividades que lhe inspirem alegria. Há uma forma muito simples de assumirmos o controlo no que diz respeito à forma como passamos os nossos dias. Em vez de perguntarmos que atividades devemos riscar da agenda, devemos perguntar: *Que atividades devo manter na agenda?*

Comece por pôr tudo em pilhas. Tal como quando arrumou os objetos tangíveis do seu espaço de trabalho com a ajuda de Marie, também neste caso importa que «toque» em todas as suas tarefas para sentir o seu peso e compreender a sua importância. Anote cada uma das tarefas que leva a cabo numa ficha de arquivo ou numa folha de cálculo caso seja mais aberto ao digital. A investigação parece indicar que ler texto em papel nos leva a considerar de forma mais ponderada o que está escrito. Uma pilha física de tarefas serve o mesmo propósito que reunir todos os artigos da mesma categoria numa divisão da sua casa para ter uma perceção real de quanto acumulou. Ter a possibilidade de contemplar a sua própria pilha de tarefas irá ajudá-lo a refletir sobre o que faz e o que o impele a agir como age.

Na maior parte dos casos, as tarefas podem ser agrupadas em três pilhas: tarefas essenciais, tarefas de projeto e tarefas de desenvolvimento.

1. **Tarefas essenciais:** Nesta pilha agrupam-se as atividades principais e recorrentes associadas ao desempenho do seu cargo, os

aspetos fundamentais que justificam a sua presença no trabalho. Para um gestor num contexto empresarial, entre as tarefas essenciais contam-se as previsões orçamentais, o planeamento e a gestão de instalações e de equipas. No caso de um cientista, entre as tarefas essenciais contam-se a conceptualização de experiências, a análise de dados e a publicação de artigos e resultados. Para um professor, as tarefas essenciais são a preparação de aulas e a avaliação de exames.
2. **Tarefas de projeto:** São as tarefas que têm um início e um fim bem definidos no tempo – organizar um evento, desenhar uma brochura ou preparar o lançamento de um novo produto.
3. **Tarefas de desenvolvimento:** São as tarefas que nos ajudam a crescer ou a aprender, tais como a formação, a leitura, a participação em conferências ou assumir novas responsabilidades. Tarefas que o aproximam do que idealizou para a sua vida profissional.

Não se preocupe caso algumas das suas tarefas lhe pareçam encaixar em mais do que uma destas pilhas. Em caso de dúvida, coloque-as na pilha que lhe parecer mais apropriada.

Perante isto, o que descobriu a respeito da forma como passa o seu tempo? E de que forma isso se relaciona com o que idealizou para a sua vida profissional? Se a vida profissional que idealizou assenta no desenvolvimento pessoal, como compararia o volume relativo de tarefas desse tipo com o das restantes pilhas? Será que se tem desafiado quanto baste? Aprendido quanto baste? Dado ouvidos à opinião de quem o rodeia sobre o seu trabalho? Se pretende desenvolver relações de proximidade com terceiros, quantas das suas tarefas implicam colaborar com outras pessoas? São pessoas com quem gosta de passar tempo?

Avalie as Suas Tarefas para Tornar o Seu Trabalho Mais Alegre

A sua pilha de tarefas é como um espelho – um reflexo daquilo que faz. Como se sente quando se olha ao espelho? Diz-me a experiência que a maioria das pessoas vislumbram no seu reflexo oportunidades que as deixariam mais próximas do que idealizaram para a sua vida profissional, mas que não se sentem com coragem suficiente para mudar. Não subestime o controlo que a sua situação, nem a capacidade que pequenas mudanças incrementais podem operar na fruição diária do seu trabalho.

Depois de agrupar as suas tarefas em pilhas, percorra cada uma das pilhas, começando pela mais fácil de ordenar (por norma, a das tarefas essenciais), seguida da pilha de tarefas de projeto e, para terminar, a pilha com as tarefas de desenvolvimento. Pegue em cada uma dessas pilhas e pergunte a si próprio:

Será que esta tarefa é necessária para eu assegurar a minha posição, e sobressair, no meu trabalho?

Será que esta tarefa me ajuda a criar um futuro mais feliz, por exemplo, na forma de um aumento salarial, de uma promoção ou com uma nova habilitação?

Será que esta tarefa me inspira alegria e contribui para uma maior satisfação no trabalho?

Pare de desempenhar quaisquer tarefas que não satisfaçam estas três premissas.

O que fazer se tiver a responsabilidade de desempenhar demasiadas tarefas essenciais que não lhe inspiram alegria? E se o seu patrão não lhe permitir descartar algumas destas tarefas, mesmo as que não se justificaria manter? Na verdade, nem sempre temos a perceção da influência positiva que o nosso trabalho tem sobre terceiros. O que é uma pena porque, se o fizéssemos, o nosso trabalho tornar-se-ia muito mais gratificante.

Nestes casos, tenho por hábito adotar uma estratégia simples a que chamo de teste do beneficiário. Seja franco – será que alguém lê o relatório que você redige e envia semanalmente; e será que esse relatório influencia o processo de tomada de decisão de quem o lê? Experimente sondar os seus beneficiários diretos para aferir da utilidade do trabalho desenvolvido. Talvez fique a saber que há quem valorize o seu trabalho e assim descobrir novo alento no desempenho de certas funções.

Caso continue convencido da inutilidade da tarefa em causa, fale com o seu patrão e não deixe de partilhar com ele os resultados do seu teste do beneficiário. Talvez o seu patrão seja capaz de perceber a importância do trabalho desenvolvido, mesmo que você não seja. Esta é outra forma de perceber se o trabalho que você desenvolve tem um impacto que ignora, o que poderá contribuir para que mude a forma como olha para determinada tarefa. Uma vez feito o teste do beneficiário, tenha uma conversa franca sobre o valor das tarefas que pretende descartar e, com toda a cortesia, relembre o seu patrão do custo de oportunidade associado ao desempenho de ditas tarefas. Se mesmo assim não for capaz de convencer o seu patrão, talvez esteja simplesmente na presença de um tipo insensato. A menos que esteja disposto a mudar de emprego, será obrigado a desempenhar as mesmas tarefas de sempre. Por muito que nos apeteça, não podemos correr com o patrão!

Findo este processo, disponha diante de si as restantes tarefas de forma que consiga ver todas de relance. Que dizem estas tarefas do tipo de trabalho que você faz? Pode dar-se o caso de o seu cargo e descrição de funções pintarem o seu emprego de determinada forma, mas o trabalho feito contar uma história diferente. No seu conjunto, as tarefas que decidiu preservar inspiram-lhe alegria ou contribuem para um futuro mais feliz? Se, mesmo depois desta arrumação, continuar a sentir que as suas tarefas não o deixam mais próximo da vida profissional que idealizou, abaixo encontrará mais algumas recomendações para que possa melhorar a sua situação profissional.

Em contrapartida, se estiver satisfeito com as pilhas de tarefas com que ficou, basta que as revisite periodicamente para garantir que continua num caminho que o aproxime da vida profissional que idealizou. Para quaisquer novas tarefas que possam surgir, decida de forma clara se merece a pena levá-las a cabo antes de as aceitar.

Prioridade às Atividades Que Lhe Inspiram Alegria

Hoje em dia, o meu trabalho inspira-me alegria, mas houve alturas em que a minha agenda estava de tal forma preenchida que me sentia física e mentalmente exausta. Foi em 2015, pouco depois de ter sido apontada pela revista *Time* como uma das 100 personalidades mais influentes do mundo, altura em que me vi inundada com convites vindos de todo o mundo.

Aceitei o máximo de convites que pude, uma vez que via neles uma excelente oportunidade de dar a conhecer o Método KonMari, mas também estava grávida do meu primeiro filho e a pressão acumulada acabou por prejudicar o meu corpo e a minha mente. Houve momentos em que me senti incapaz de controlar as minhas emoções e dias em que acabei lavada em lágrimas.

Por fim, lá acabei por perceber que não podia continuar a viver assim. Foi por essa altura que comecei a mudar a minha forma de trabalhar.

O objetivo do meu trabalho é partilhar o Método KonMari por todo o mundo e ajudar tantas pessoas quantas conseguir a encontrar a alegria através da arrumação. Contudo, seria impossível ensinar aos outros como inspirar alegria nas suas vidas se eu própria não a experimentasse na minha.

Desde esse momento epifânico, decidi dar prioridade à alegria na minha vida, sobretudo nas fases mais atarefadas. Assinalo na minha agenda, com toda a convicção, certas atividades de que gosto ou que quero muito fazer, tais como:

---

* Estar com a minha família.
* Decorar a minha casa com flores.
* Saborear uma relaxante chávena de chá.
* Receber uma massagem quando me sinto cansada.

Estes gestos ajudam-me a recuperar o equilíbrio interior para que possa regressar ao trabalho retemperada e cheia de energia positiva. No mundo dos negócios, muitos optam por dar total prioridade ao trabalho em detrimento da sua vida pessoal, como em tempos fiz. Se for o seu caso, a mensagem que tenho para lhe transmitir é esta: faça do seu bem-estar físico e emotivo a sua principal prioridade.

Uma agenda preenchida e o excesso de trabalho levam inevitavelmente ao esgotamento. Ninguém conseguirá sentir-se inspirado por ideias brilhantes ou atingir resultados estupendos se estiver totalmente esgotado. Mesmo que gostemos muito do nosso trabalho, acabaremos por odiá-lo e sentiremos grandes dificuldades em prosseguir.

Reservar tempo para recuperar e se retemperar deverá ser sempre a sua principal prioridade. Definido esse espaço, procure gerir a agenda de modo que consiga trabalhar com eficácia no tempo restante. A longo prazo, é sempre mais produtivo abordar o seu trabalho com alegria e paz de espírito.

M. K.

Não Diga «Sim» com Tanta Facilidade

Nunca lhe ocorreu que o seu trabalho seria fabuloso se lhe dessem espaço para o fazer? Eu lembro-me de que me costumava sentir assim muitas vezes. À medida que fui progredindo na minha carreira, de professor auxiliar acabado de sair de uma pós-graduação para professor catedrático (grau cimeiro da carreira universitária), comecei a ser convidado cada vez com maior frequência para participar em atividades que não eram essenciais ao desempenho das minhas principais funções de investigação e docência, tais como integrar comités e comparecer em eventos.

Num espírito de compromisso para com os meus colegas, respondia quase sempre afirmativamente aos convites que me eram endossados. Parecia-me a decisão acertada e, vistas de forma isolada, nenhuma dessas atividades me ocupava demasiado tempo. Contudo, tudo somado, acabavam por me impedir de avançar com alguns dos projetos que mais me interessavam.

Claro que há muitas razões válidas para responder que sim. Algumas atividades inspiram-nos alegria, seja por nos fazerem sentir úteis ou pela própria natureza do trabalho que nos exigem. Noutras vislumbramos a possibilidade de aprender algo novo, de progredir na carreira ou de aproveitar para passar tempo na companhia de colegas. Mas outras, demasiadas, não satisfazem nenhum dos nossos requisitos.

Recentemente tive a oportunidade de estudar um ensaio que me ajudou a resistir à tentação de responder «sim» a qualquer solicitação. Somos levados a comprometermo-nos com demasiadas dessas tarefas simplesmente porque nos sentimos culpados por responder «não». Liberte-se desse sentimento de culpa de uma vez por todas. Você sabe que trabalha no duro – aliás, repare bem no tamanho da sua pilha de tarefas! E, depois, experimente este truque simples: faça uma pausa.

Dadas as pressões sociais que existem para respondermos sempre afirmativamente – afinal de contas, todos queremos ser vistos como bons colegas – adiar a decisão quando nos é feita uma solicitação pode revelar-se uma estratégia eficaz. Responda simplesmente: «Vou pensar nisso e logo lhe digo alguma coisa.» Demore o tempo que for necessário a decidir se a tarefa em causa lhe poderá vir a inspirar alegria. Se assim não for, decline cordialmente o convite. Estudos recentes indicam que quando adiamos a decisão de nos comprometermos com algo, sentimo-nos mais autorizados a recusar tarefas de que não gostamos e a aceitar tarefas de que gostamos.

Uma Alegria por Dia

Agora que se conseguiu libertar de determinadas tarefas, abriu espaço para assumir outras que lhe inspirem alegria. Vários estudos demonstram que o trabalho nos parece mais gratificante quando assumimos novas responsabilidades, quando nos voluntariamos para ajudar um colega ou até mesmo quando trabalhamos num projeto paralelo sem necessidade de pedir autorização formal. Alguns patrões apreciam essas demonstrações de iniciativa. Muitas empresas chegam a adotar políticas formais que permitem às suas funcionárias passar parte do seu horário laboral numa tarefa à sua escolha que lhe inspire alegria. Como é evidente, se tiver um patrão vigilante e que lhe dê pouca liberdade no exercício das suas funções, tudo isto será muito mais difícil de conseguir. Contudo, poderá aumentar as suas probabilidades de sucesso se encontrar forma de adotar uma pequena alegria diária para benefício da própria empresa.

Fora do âmbito do trabalho, procure também permitir-se uma alegria diária. Pessoalmente, tenho prazer ao ler um jornal em papel. Sei perfeitamente que assim que o começo a ler já está desatualizado, mas ficar a par das notícias sem ter de recorrer a ecrãs e outras distrações digitais inspira-me muita alegria.

Deixe Um Espaço em Branco no Seu Calendário

Pode parecer paradoxal, mas para ser mais produtivo no trabalho, por vezes é preciso ter períodos de inatividade – por outras palavras, no seu calendário deve haver espaços em branco. Sim, foi isso mesmo que disse: a investigação demonstra que para conseguirmos fazer mais, por vezes precisamos de trabalhar menos. Além de permitirem refrescar as ideias, os períodos de inatividade ajudam-nos a sermos mais criativos ao darem-nos mais tempo para desenvolver ou amadurecer ideias.

Quando levamos a cabo atividades aparentemente irrefletidas, tais como caminhar ou garatujar, na realidade estamos a pensar de forma profunda e subconsciente. Este tipo de reflexão tende a ser mais criativo porque não nos estamos constantemente a julgar. Assim, pode conduzir a novas formas de resolver problemas e fomentar a inovação. Não deixa de estar a trabalhar – e por vezes até de forma mais inteligente – por não ter a agenda a rebentar pelas costuras com compromissos. Faça uma pausa para se sentir melhor e liberte a sua imaginação!

Nos meus períodos de inatividade, costumo aproveitar para fazer caminhadas, habitualmente com o telemóvel em modo de avião. Num mundo isento de *e-mails*, telefonemas e outras distrações, a mente pode dar-se ao luxo de divagar. É nessas ocasiões que me sinto mais livre da minha constante voz autocrítica e me permito explorar ideias que noutros contextos nem me atreveria a considerar.

Eu sei que nem todos têm a liberdade para caminhar durante ou até fora do horário de trabalho. Se for esse o seu caso, procure uma alternativa que possa fazer. A maioria das pessoas pode fechar os olhos à secretária durante uns minutos e deixar a sua mente divagar. É uma oportunidade de libertar a mente como outra qualquer, mas também uma forma de mostrar que, por muito restritiva e descontrolada que a sua agenda (e o seu emprego) possa parecer em determinadas ocasiões, pode sempre reivindicar tempo para si – nem que seja por breves instantes.

Pôr ordem nas suas atividades permite-lhe aceder a um conhecimento mais profundo de si próprio e das suas verdadeiras prioridades, mas serve para muito mais do que alimentar uma mera reflexão sobre a forma como passa os seus dias. Arrumar a agenda permite descobrir alternativas que tornam os nossos dias melhores. Ao descartar tarefas que não lhe inspiram alegria e substituí-las por outras que o fazem, o seu trabalho torna-se muito mais gratificante.

6
Arrumar Decisões

Enquanto mãe solteira, Lisa conjugava o seu emprego a tempo inteiro como professora de arte num liceu com outros trabalhos como artista independente e professora de arte *online*. Apesar de gostar de tudo o que fazia, o número de decisões que tinha de tomar regularmente deixavam-na esgotada. Além das grandes decisões relacionadas com a docência – os temas a abordar, os projetos a atribuir, as regras da sala de aula – havia centenas, ou até mesmo milhares, de pequenas decisões diárias que requeriam a sua atenção. O plano do dia para uma aula contemplava inúmeras possibilidades: *Será uma aula para pôr as mãos na massa, ver um vídeo para aprender novas técnicas ou desenvolver aptidões visuais com o auxílio de um computador?* Com a aula em curso, havia decisões a tomar que tinham de ser tomadas em função do acompanhamento dos alunos, da sua avaliação e até disciplina. O seu outro trabalho também a obrigava a tomar um monte de decisões: o que fazer, como o produzir, como responder da melhor forma aos desejos dos clientes, como potenciar a sua presença nas redes sociais. *Decisões constantes para determinar o próximo passo*, pensava para consigo.

Lisa sentia-se sempre irascível e exausta – não só no trabalho, mas também em casa, onde cuidava do seu filho de nove anos de idade. «A fadiga associada ao processo de decisão é tão exigente do ponto de vista mental que me esqueço de tudo o resto… Chego a ter dificuldade em articular raciocínios coerentes e às vezes faltam-me as palavras.»

Ela soube que a situação ia de mal a pior quando, numa manhã de segunda-feira, chegou ao liceu sem ter a aula preparada. Tinha vindo a adiar a escolha dos temas a abordar nessa aula até ser demasiado tarde. *Isto é que é meter o pé na argola, Lisa! Falhaste enquanto professora!* Repreendeu-se. Por essa altura, Lisa também já havia negligenciado o seu promissor negócio de formação *online*, o seu cérebro esgotado pela necessidade de tomar tantas decisões nos vários âmbitos profissionais em que se movia.

É bem possível que, independentemente da sua atividade profissional – quer seja executivo numa empresa ou esteja a dar os primeiros passos no mercado de trabalho – tenha de tomar milhares de decisões por dia. Alguns investigadores apontam para um número superior a *trinta e cinco mil* decisões diárias!

Muitas dessas decisões têm um impacto muito reduzido e exigem pouco esforço ou concentração. Ficaríamos completamente assoberbados se precisássemos de refletir demoradamente sobre decisões desse tipo – o melhor caminho a percorrer para chegar à sua secretária, que caneta usar, o que responder numa troca de *e-mails* rápida. De acordo com um estudo recente, é isto que justifica que, apesar de tomarmos milhares de decisões diariamente, apenas nos lembramos de cerca de setenta dessas decisões.

Outras decisões são de impacto elevado e requerem toda a nossa atenção. Não é muito habitual depararmos com decisões desta natureza, mas, quando isso acontece, exigem-nos um considerável investimento de energia mental e emocional. Muitas vezes, estas decisões estão associadas à atribuição de uma quantidade relativamente substancial de recursos. Para quem trabalha em *marketing*, por exemplo, as decisões de impacto elevado podem passar pela escolha de uma gama de produtos ou de serviços a comercializar, pelo momento e forma de repensar uma determinada marca, pelo posicionamento de determinados produtos no mercado; para empreendedores, as decisões de impacto elevado podem prender-se com a possibilidade de expandir a empresa e contratar funcionários, de optar entre uma capitalização ou a venda da empresa; para informáticos, as decisões de impacto elevado estão sobretudo relacionadas com a aquisição de equipamento de ponta.

Existem ainda as decisões de médio impacto que requerem muito mais reflexão do que as decisões de impacto reduzido e que ocorrem com muito mais frequência do que as decisões de impacto elevado. Estas são as decisões mais esquecidas ou negligenciadas das nossas vidas profissionais. As decisões de médio impacto não são tão fáceis de tomar quanto as decisões menos relevantes, pelo que demonstramos certa tendência a adiá-las. Por outro lado, como não têm a preponderância das decisões de impacto elevado, são muito mais fáceis de esquecer. Foi por isso que Lisa acabou plantada diante dos seus alunos sem que tivesse uma aula preparada; a preparação dessa aula era uma decisão de médio impacto que conseguia ser ao mesmo tempo demasiado difícil para resolver de véspera e demasiado fácil de esquecer até pôr os pés na sala de aula.

De uma forma geral, as decisões de médio impacto concentram-se no desempenho ou na melhoria de tarefas correntes associadas às suas funções. Por exemplo, quem devemos informar do progresso de um determinado projeto, como melhorar um processo de trabalho concreto e como quantificar o sucesso de uma iniciativa. No caso de um profissional de *marketing*, entre as decisões de impacto médio podem incluir-se a escolha dos estudos de mercado a ter em conta, a definição do momento para atualizar o preço de um produto e a prospeção de novas soluções publicitárias e de formas de monitorizar o seu alcance. Para um empreendedor, entre as decisões de médio impacto contam-se a procura de soluções para melhorar um produto ou serviço e a escolha das conferências em que importa marcar presença. E, no caso de um informático, as decisões de médio impacto podem passar pela escolha do momento certo para atualizar uma gama de *software*.

Eu sei que, à primeira vista, arrumar decisões pode parecer diferente de arrumar o espaço de trabalho físico. Guardar o nosso agrafador favorito parece muito diferente de tomar uma decisão sobre a melhor forma de interagir com um cliente ou de escolher o momento certo para colaborar com um colega. Mas, na realidade, o processo é o mesmo. Comece por perguntar a si próprio: *O que é que vale a pena guardar?* Ou, para ser mais preciso e adequado a esta categoria, *Que decisões merecem que invista o meu tempo e a minha energia?*

Ao refletir sobre a multitude de decisões profissionais que tem de tomar, siga estes simples passos: Ignore por completo as pequenas decisões, selecione e organize as decisões de médio impacto e reserve a sua energia mental para as decisões de elevado impacto.

A Maioria das Decisões de Impacto Reduzido não Merecem o Seu Tempo e a Sua Energia

Comece pelas decisões de impacto reduzido. Tenha em conta que o que torna o impacto de uma decisão reduzido depende do cargo e da posição que ocupa no organograma da organização. Isto é, se estiver a dar os primeiros passos na sua carreira, aquilo que poderia ser uma decisão de impacto reduzido para um executivo experiente pode revestir-se de uma importância crucial para si. É possível que não se consiga lembrar de muitas decisões de impacto reduzido que tenha tomado, porque o faz de forma automática e sem necessidade de ativar os seus recursos intelectuais. É estupendo que assim seja, que essas decisões continuem a ser feitas em piloto automático.

Contudo, mesmo entre as decisões de impacto reduzido de que tem certa consciência, poucas merecem que lhes dedique tempo da sua atenção. Precisa de:

- Escolher uma marca de papel de impressão?
- Decidir se deve fazer um gráfico de linhas ou de colunas para uma apresentação?
- Escolher um tipo de letra para o seu relatório?

Se lhe parece que o efeito de uma determinada decisão não fará diferença, não perca tempo a tomá-la. Eu sei que isto é difícil de levar a cabo no momento da verdade e também eu incorri no erro de pensar demasiado sobre decisões absolutamente banais – em que hotel ficar numa viagem de trabalho, o tipo de letra a usar nas fichas que distribuo nas minhas aulas, os aperitivos a servir numa conferência organizada por mim.

Também é possível automatizar muitas decisões de impacto reduzido. Eis algumas das minhas favoritas:

- Contratar o serviço de um fornecedor *online* para se abastecer de consumíveis de que possa necessitar com a regularidade que entender;
- Definir regras como «nunca agendar reuniões para as manhãs de sexta-feira»;
- Adotar uma assinatura automática de *e-mail* que inclua «Atenciosamente» ou «Muito agradecido» seguido do seu nome no final do corpo de texto.

Pode sempre ajustar as tomadas de decisão automáticas à medida das suas necessidades e interesses. O antigo diretor-executivo da Apple, Steve Jobs, optava por automatizar o seu guarda-roupa: todos os dias vestia o mesmo modelo de camisola de gola alta. O guru de produtividade e escritor Tim Ferriss toma o mesmo pequeno-almoço todas as manhãs. Se não tiver pequenas decisões com que se preocupar, sobrará muito mais tempo e energia para se concentrar nas decisões verdadeiramente importantes.

Crie Uma Pilha de Decisões de Impacto Médio e Elevado

Compile todas as decisões de impacto médio a elevado que tem de tomar hoje em dia ou que preveja ter de vir a tomar num futuro próximo. As decisões de impacto elevado costumam vir logo à cabeça e, para a maior parte das pessoas, não costumam ser mais do que uma mão-cheia. Quando regressou à Apple, Steve Jobs decidiu dispensar todo o conselho de administração para mais tarde lançar um telemóvel sem teclado chamado iPhone. Para uma chefia intermédia, a pilha de decisões de impacto elevado poderá incluir decisões como a implementação de uma mudança transversal à empresa e quem contratar para a equipa. E, para quem dá os seus primeiros passos no mundo laboral, a escolha de um mentor de confiança será provavelmente uma decisão de impacto elevado.

As decisões de impacto médio são as que ficam no meio. Para a maior parte das pessoas, é possível identificar as decisões de impacto médio tendo em conta que são aquelas que tornam o trabalho desenvolvido notavelmente melhor, como, por exemplo, decisões sobre a melhoria de processos de trabalho, a modernização de produtos ou serviços, o aconselhamento sobre eventuais problemas e a comunicação de desenvolvimentos a outros membros da estrutura.

Sintetize cada decisão de impacto médio a elevado numa ficha de arquivo (também aqui, tal como na arrumação do tempo, pode optar por uma folha de cálculo). A maior parte das pessoas deverá reunir um número razoável de decisões, mas nunca superior a vinte.

Organize a Sua Pilha de Decisões

Depois de ter juntado todas as suas decisões numa pilha, marque com um «E» as fichas que dizem respeito a decisões de impacto elevado. Estas são as decisões com maior impacto no seu trabalho ou na sua vida e merecem que nelas invista o seu tempo e a sua energia. Agrupe todas essas fichas e ponha-as de lado.

Diante de si tem todas as decisões de médio impacto. Está na altura de determinar quais é que vale mesmo a pena manter. Para isso, pegue em cada uma das fichas e siga esta regra simples: só deve guardar uma ficha se a decisão em causa for determinante para o seu trabalho; se a decisão em causa o deixar mais próximo do que idealizou para a sua vida profissional; se a decisão em causa lhe inspirar alegria.

De seguida, há que dar destino às decisões que optou por guardar. Com cada ficha na mão, pergunte a si próprio:

Há mais alguém que possa ser mais afetado por esta decisão? Quem a deve tomar?

Quem está em melhor posição e dispõe da informação necessária para tomar esta decisão?

Com que frequência esta decisão precisa de ser tomada? Pode ser automatizada e revista periodicamente?

Se lhe parecer que determinada decisão deve ser tomada por outra pessoa, delegue-a sempre que possível (marque a ficha de arquivo com um «D» e acrescente-lhe o nome da pessoa a quem gostaria de delegar a responsabilidade dessa decisão). Por vezes é difícil, mas não impossível, delegar a responsabilidade de uma decisão a alguém de igual ou superior posição hierárquica. Pedi-lo de forma educada, acompanhando o pedido com uma explicação que demonstre de forma razoável por que motivo a pessoa em causa é a mais adequada para tomar tal decisão, pode ser persuasivo. Da mesma forma, oferecer-se para assumir a responsabilidade de uma das decisões a cargo dessa pessoa pode ser outro ponto a seu favor. Certifique-se apenas de que se trata de uma decisão pela qual vale a pena responsabilizar-se.

Se uma certa decisão não requer um envolvimento frequente, seja seu ou de um terceiro, trate de a automatizar (marque a ficha de arquivo com um «A» e acrescente-lhe uma data para implementar a automatização do processo).

Desta forma, quando for confrontado com a necessidade de tomar novas decisões, terá a experiência e a confiança para as saber ordenar. Concentre-se sempre nas decisões de impacto elevado e nas mais importantes entre as de impacto médio. Seja criterioso na forma como investe o seu tempo e a sua energia. Uma decisão que em tempos viu como importante pode deixar de o ser, ou talvez deva passar a ser tomada por outra pessoa. Em parte, tomar boas decisões passa por ter a sensibilidade de saber quando não nos devemos envolver no processo de tomada de decisão!

———

Depois de ficar a par das dificuldades de Lisa, procurámos soluções para a ajudar a ordenar os seus processos de decisão. Tal como quando encaramos uma enorme pilha de roupa, expor todas as decisões de impacto médio e elevado de forma tangível ajudou Lisa a compreender a escala do problema. Ela sentia-se constantemente assoberbada pelo excesso de decisões que se via obrigada a tomar.

Na semana seguinte, contemplou a sua pilha de decisões e apercebeu-se que algumas delas eram recorrentes, em particular as associadas à gestão do comportamento dos seus alunos de liceu e à necessidade de dar resposta a várias solicitações na conta de Instagram do seu negócio independente.

Lisa eliminou cerca de 9% das decisões que constavam na sua pilha e conseguiu automatizar ou delegar cerca de 40%. Por exemplo, passou a dar início às aulas sempre com a mesma atividade fazendo os alunos trabalhar sobre o projeto desenvolvido no dia anterior, o que lhe dava tempo para fazer a chamada sem interrupções. Além disso, passou a envolver os alunos no processo de avaliação do seu próprio trabalho, o que lhe permitiu reduzir o número de decisões a tomar.

Lisa optou ainda por fazer publicações na conta de Instagram do seu negócio pela manhã e só responder a comentários duas vezes ao dia.

Ordenados os processos de decisão mais simples, a maior parte das restantes decisões exigiam-lhe elevados níveis de criatividade – que tipo de projetos artísticos criar, que decisões estratégicas tomar a respeito do seu negócio, que cursos preparar para o seu negócio *online*. Eram decisões desse tipo que lhe inspiravam mais alegria.

Quando retomei o contacto com Lisa, os resultados da arrumação que fizera eram por demais evidentes. «Ganhei uma nova consciência das possibilidades que tenho à minha disposição… Nem posso acreditar na clarividência que esta experiência me trouxe.» A arrumação deu-lhe mais tempo e motivação, mas também o discernimento para tomar uma decisão de elevadíssimo impacto na sua vida: Lisa demitiu-se da sua função como professora de liceu e concentrou todos os seus esforços no seu negócio. Pouco demorou para que os rendimentos desse empreendimento triplicassem, mas a maior mudança de todas foi a paixão renascida pelo seu ofício e pela vida em geral: «Este processo foi o início de algo muito importante para mim», escreveu-me. «Por vezes ainda dou por mim a transbordar de alegria… Sinto-me nos píncaros da minha criatividade!!! Acho que nada disto teria acontecido se não tivesse arrumado as minhas decisões... Sinto-me muito mais produtiva e feliz.» A mudança, contudo, não se ficou pelo trabalho. A relação de Lisa com o seu filho melhorou substancialmente e, um mês após arrumar os seus processos de decisão, tinha emagrecido sete quilos e havia recuperado o otimismo.

Arrumar Escolhas: Ter Mais Opções Nem Sempre É Melhor

Analisemos agora a forma como efetivamente tomamos decisões. É perfeitamente compreensível presumir que, quanto mais opções temos, melhor. No processo de escolha de um fornecedor ou vendedor, quanto mais empresas concorrentes houver, melhor. No caso de estar a escolher fundos de investimento para o seu plano poupança reforma, quanto mais fundos mutualistas houver, melhor. No caso de estar à procura de um emprego melhor, é bom ter tantas opções em aberto quanto possível.

É verdade que dispor de muitas opções pode ser algo positivo, mas apenas até certo ponto. Em certas situações, as pessoas podem sentir-se de tal modo assoberbadas com o excesso de opções que acabam por decidir pior e ficar menos satisfeitas com a sua escolha. E que dizer das opções de que abdicamos? A oferta de trabalho que não aceitamos, o projeto de que desistimos em nome de outro, o mercado que podíamos ter explorado em vez do escolhido ou o mentor que nunca tivemos? As nossas mentes são tremendamente persuasivas no que toca a convencer-nos de que, qualquer que tenha sido o rumo que escolhemos, poderíamos sempre ter escolhido melhor.

Para a maior parte das decisões que tomamos, é uma carga de trabalhos ter de considerar mais do que cinco alternativas. Sempre que alguém lhe pedir que tome uma decisão, peça que lhe sejam apresentadas, no máximo, cinco alternativas. Se a decisão estiver apenas por sua conta, peça ajuda aos seus colegas para reduzir as opções e ter apenas as melhores em consideração. Isto também ajuda a reduzir a sensação de perda ao abdicar das restantes opções.

Estudos recentes dão a conhecer outras maneiras simples de ordenar possíveis escolhas. Em primeiro lugar, se as escolhas forem muito parecidas entre si, deve aceitar que é possível que haja mais do que uma escolha positiva, pelo que poderá escolher qualquer uma das opções à sua disposição. Em segundo lugar, ordene as escolhas disponíveis de acordo com o bom senso, por exemplo, da opção mais cara à mais barata, do maior rácio risco/recompensa para o menor rácio risco/recompensa. Em terceiro lugar, analisar muitas opções é um processo extenuante se, enquanto o fizer, estiver ainda a tentar perceber o que realmente pretende. Imagine que está à procura de um novo emprego. Se decidir de antemão que quer uma oportunidade com boas perspetivas de crescimento, próxima da sua área de residência e com bastante flexibilidade de horário, ter um leque abrangente de potenciais empregos pode ser útil. Nesse caso, o melhor que teria a fazer seria alinhar as suas prioridades (crescimento, proximidade e flexibilidade) com as ofertas de trabalho disponíveis no mercado. Contudo, se não tiver preferências claramente definidas, ter demasiadas opções em aberto pode revelar-se avassalador.

Uma Decisão Suficientemente Boa É Suficiente na Maioria das Decisões

Quero que esqueça de uma vez por todas a ideia de que todas as decisões têm de ser perfeitas. Por vezes tomará decisões perfeitas, mas muitas vezes isso não sucederá. Ainda que esta possa ser uma realidade difícil de aceitar, há bons motivos para crer que isto é perfeitamente razoável: na larga maioria das situações, uma decisão suficientemente boa é suficiente. A procura da perfeição é muitas vezes desnecessária e tem os seus custos. Não só implica desperdiçar tempo que seria muito mais bem investido noutras atividades, como dá azo a sensações de frustração e desapontamento quando não se consegue assegurar a escolha perfeita.

Antes de tomar uma decisão, pergunte a si próprio que tipo de desfecho lhe inspira alegria. Não vale a pena correr atrás de uma decisão perfeita quando uma razoável basta para o deixar feliz. Além disso, num mundo em constante mudança, qualquer decisão que tomar será necessariamente temporária. Se fizer um esforço desmedido para encontrar a solução perfeita, é provável que acabe demasiado vinculado à solução encontrada, mesmo que entretanto deixe de ser perfeita em virtude das circunstâncias. É por isso que, muitas vezes, uma decisão suficientemente boa é mais do que boa.

Para não ceder a tendências perfeccionistas, fixe uma data limite para concluir qualquer processo de decisão. As vantagens decorrentes de uma eventual reflexão ou argumentação excessiva não merecem o tempo e o esforço investido. Seja flexível nas suas decisões e adapte-se perante o surgimento de nova informação. E não se esqueça de que, na maior parte dos casos, o impacto da sua decisão não é tão determinante quanto julga.

Ao ordenar o seu processo de decisão, você está a concentrar a sua atenção no que realmente importa. Há que fazer uma triagem para separar o que merece o seu tempo e energia do que deve ser eliminado, delegado ou automatizado. Desta forma, poderá eliminar o ruído próprio de um volume exagerado de opções e recentrar a sua atenção nos objetivos que pretende alcançar. Decisões que antes lhe pareciam difíceis passam a ser tomadas com naturalidade. E, quando chegar a altura de enfrentar as decisões que mais tempo e energia lhe exigem, sentir-se-á empenhado e satisfeito, independentemente da escolha que fizer.

7

Arrumar a Sua Rede de Contactos

O Instagram é uma rede social importante para artistas, e Lianne, pintora e ilustradora britânica, tinha uma conta com quinze mil seguidores. Por muito impressionante e entusiasmante que isso pudesse parecer, a verdade é que manter uma via de comunicação aberta com tantos seguidores era desgastante para Lianne. A profusão de mensagens irrelevantes tornava difícil responder às que realmente interessavam: as que eram escritas por potenciais compradores. Além disso, Lianne também era seguida por um número assinalável de troles. Pessoas que faziam comentários grosseiros, por vezes disparatados e outras tantas vezes quase injuriosos. Conforme este tipo de comentários se ia avolumando, Lianne dava por si cada vez mais abatida por esse lado emocionalmente desgastante e moroso na gestão da sua rede.

Ela passava tanto tempo nas redes sociais que começou a negligenciar o seu trabalho e a sua vida. «Sou mãe e sou artista», disse-me com orgulho. «Não tenho tempo para escrever dez *tweets* por dia.» A verdade, porém, é que Lianne andava a dedicar mais tempo ao Instagram do que à sua expressão artística.

Foi então que ela decidiu tomar uma decisão corajosa.

Lianne apagou a sua conta de Instagram, deixando para trás os seus milhares de seguidores. «Na sociedade atual, as pessoas têm por ambição ter um séquito de seguidores cada vez maior, mas não é nada disso que eu quero», argumentou. Esta vasta rede não a estava a ajudar muito na venda de trabalhos. «Quando se tenta vender algo tão específico como obras artísticas, é preferível ter cinquenta seguidores fiéis e interessados que colecionam arte do que quinze mil seguidores vagamente interessados que perdem tempo a enviar-me mensagens boçais.» Recomeçar a partir do zero permitiu-lhe ser mais seletiva e estabelecer contacto apenas com pessoas que realmente apreciavam o seu trabalho.

É fácil de ver no *networking*, quer presencial quer *online*, um exercício cujo objetivo passa por obter o máximo de contactos possível: números de telefone, amizades no Facebook, seguidores no Instagram, conexões no LinkedIn ou seguidores no Twitter. São estatísticas fáceis de determinar e que nos fazem sentir bem sempre que vemos os números crescer. Podemos comparar as nossas estatísticas com as dos nossos colegas e amigos, o que assenta na premissa errada de que um maior número de conexões nos torna mais importantes. Ou mais célebres. Ou mais bem-sucedidos. Permita-me que lhe diga o seguinte: ter uma ampla rede de contactos significa apenas que foi capaz de obter muitos contactos!

Faça da sua rede de contactos uma fonte de alegria. Construa uma rede cheia de pessoas com quem gosta de estar, que gosta de ajudar, que se alegram pelo seu desenvolvimento e sucesso, e com quem se sinta à-vontade para falar de contratempos e pedir conselhos em momentos de necessidade.

Quão Extensa Deve Ser a Sua Rede de Contactos?

Quanto mais ampla uma rede de contactos, maior a probabilidade de alguém saber de algo que lhe possa ser útil, tal como uma oferta de trabalho que não foi formalmente anunciada ou a resposta a uma questão difícil. Esta é a lógica enviesada que leva as pessoas a investir tanto tempo na expansão da sua rede de contactos. As pessoas que lhe são próximas – tanto no âmbito profissional como pessoal – já partilham consigo aquilo que sabem. Mas a maioria dos contactos de uma rede vasta pertencem a pessoas com quem raramente interagimos, pelo que haveria mais a aprender com essas pessoas. Contudo, é muito diferente ter uma rede cheia de contactos valiosos e ter uma rede cheia de contactos valiosos e *dispostos a ajudar*.

Karen, investidora em *startups* e antiga gerente de uma empresa de tecnologia, começou por tentar a abordagem expansionista habitual, procurando entrar em contacto com tantas pessoas do seu meio quanto possível. «Passei um ano inteiro a ir a conferências e a apresentar-me a desconhecidos», disse-me. «Hoje em dia, consigo perceber que não foram experiências nem relações muito genuínas. Tudo se resumia a uma questão de números.» Era um esforço extenuante e, em última análise, uma perda de tempo.

Após refletir sobre esses encontros de *networking* que a pareciam deixar sempre dececionada, Karen comprometeu-se a mudar. Pôs termo ao esforço expansionista para alargar a sua rede e investiu a sua energia e tempo no aprofundamento das relações que tinha com um grupo restrito de pessoas. Pouco demorou para que a nova abordagem fosse testada. Karen pretendia estudar um potencial investimento numa empresa e, para isso, precisava de responder a um conjunto de questões técnicas. Apesar de modesta, na sua rede de contactos constava uma mulher que Karen acreditava que a poderia ajudar. Contactou-a e, ao fim de poucas horas, recebeu uma resposta detalhada. «Para obter uma análise tão esclarecida eu precisaria de várias semanas de trabalho», explicou Karen. Como Karen havia construído uma relação sólida com o seu contacto, obteve a ajuda de que precisava de forma quase imediata. Poucos dias mais tarde, Karen fez questão de enviar uma nota manuscrita à pessoa que a ajudara em sinal de agradecimento.

Karen haveria de colher mais frutos desta abordagem mais concisa ao *networking*. «Sinto-me muito menos pressionada a comparecer em eventos para fazer novos contactos… Esta estratégia libertou bastante espaço mental na minha vida», diz.

Quanto mais vasta for uma rede de contactos, mais difícil se torna estreitar relações. Vários estudos apontam para o facto de sermos capazes de gerir até cerca de 150 relações pessoais com certa intimidade. Um número superior de relações significa que será extremamente difícil conhecer verdadeiramente as pessoas que compõem a dita rede de contactos. Experimente fazer um exercício simples. Quando pensa nos seus amigos e nos seus contactos, será que consegue visualizar o rosto de todas as pessoas que fazem parte da sua rede? E será que todos esses rostos lhe inspiram alegria? É provável que não.

Mesmo para aqueles que dispõem de redes de contacto extensas, a maior parte dos contactos eficazes ocorrem entre um pequeno subconjunto dessa rede. Muitos dos «amigos» que fazem parte da nossa rede não têm genuíno interesse em estabelecer uma relação connosco e só nos ligam quando precisam de um favor. Christina, que no capítulo 5 deste livro aprendeu a arrumar o seu tempo, chegou a esta conclusão da forma mais dolorosa. Enquanto aluna num MBA em Harvard, ela estava convencida de que poderia colher muitos frutos por fazer parte de uma rede académica tão vasta e prestigiosa. Com o tempo, veio a perceber que essa rede lhe trazia poucos contactos significativos, mas muitos pedidos. «A certa altura, num período de duas semanas, cheguei a receber *e-mails* de dez pessoas diferentes a pedir-me conselhos», explicou. «E não estamos a falar de amigos ou de pessoas que tivessem qualquer tipo de proximidade comigo.» A disponibilidade que demonstrou para satisfazer estes e outros pedidos acabou por se revelar um lastro para a sua carreira e vida, deixando-a esgotada.

Expandir uma rede de contactos não só é moroso como se pode revelar, em especial no âmbito das redes sociais, prejudicial à sua saúde mental. Vários estudos efetuados demonstram que, quanto mais tempo passamos nas redes sociais, menos felizes nos sentimos. Isso deve-se ao facto de muitas pessoas apenas partilharem boas notícias nas suas redes sociais e só muito raramente alguém as usar para partilhar más notícias. Quantas notificações de LinkedIn recebeu com alguém a dizer «Acabei de ser despedido!» ou «Hoje fiz asneira da grossa no trabalho»? Pare de se comparar a personagens criadas por terceiros nas redes sociais e, em vez disso, pergunte-se a si mesmo que passos tem dado no sentido de consolidar a vida profissional que idealizou. Essa é a única comparação que importa.

A Arrumação de Redes de Contactos Segundo Marie

Um dos aspetos mais importantes no desenvolvimento de uma rede de contactos feliz passa por saber de que tipo de relações gostamos. Por exemplo, há quem adore estar sempre rodeado de amigos a divertir-se. Outros preferem ter menos relacionamentos, mas mais profundos. Eu faço parte desta última categoria. Não sou muito boa a manter contacto e sinto-me mais confortável rodeada de poucas pessoas.

Contudo, quando saí da empresa em que trabalhava e abracei uma nova carreira como consultora independente, fiz um tremendo esforço para forjar novas relações com tantas pessoas quanto possível porque pretendia divulgar o meu negócio. Inscrevi-me em seminários e participei em reuniões com profissionais de diferentes áreas, trocando cartões de visita com muitos deles. Aos poucos, contudo, fui percebendo que algo estava a falhar.

Quanto mais pessoas conhecia, mais convites recebia para eventos e festas e mais preenchida ficava a minha agenda. Aos poucos, fui deixando de ter tempo para fazer o que realmente pretendia. A caixa de entrada do meu *e-mail* ficou de tal modo inundada que mal conseguia dar resposta a todas as solicitações. Sempre que passava os olhos pelos apontamentos no meu bloco de notas, a quantidade de nomes a que não conseguia associar uma cara ia aumentando.

Não me agradava a sensação de estar inundada de informação e perguntava a mim própria se não seria algo desonesto da minha parte esse esforço de estabelecer contacto com pessoas de que mal me conseguia lembrar. Quanto mais contactos acumulava, mais desconfortável me sentia, pelo que acabei por refazer a minha rede por completo.

Apoiando-me no Método KonMari, detive-me em cada nome apontado e conservei apenas aqueles que me inspiravam alegria. O número de nomes que constava no meu livro de endereços e nas minhas aplicações diminuiu consideravelmente. Excluindo familiares e pessoas essenciais ao desempenho das minhas funções, acabei com uma lista de uns meros dez contactos. Para ser franca, devo dizer que a princípio fiquei surpreendida com a quantidade de contactos que eliminei, mas pouco demorou a que começasse a sentir-me aliviada. Daí em diante, consegui cuidar melhor das relações com os poucos contactos que decidi manter.

Esta redução permitiu-me ter mais tempo e disponibilidade mental, pelo que o contacto com a minha família passou a ser mais próximo. Passei a agradecer devidamente aos meus amigos por tudo o que me proporcionavam, até nas coisas mais pequenas. Da mesma forma, passei a sentir uma gratidão muito maior por poder contar sempre com as pessoas que me eram queridas e com quem decidi manter contacto.

Desde que refiz a minha rede de contactos, adotei o hábito de rever periodicamente as minhas relações e de exprimir gratidão por poder contar com elas. Ocasionalmente, escrevo os nomes de todas as pessoas com quem mantenho uma relação de proximidade e tomo nota da gratidão que sinto por me relacionar com cada uma delas. Isto permite-me valorizar de forma ainda mais evidente a presença dessas pessoas na minha vida e ajuda-me a fomentar relações mais calorosas. Este exercício é perfeito para mim porque, quando estou ocupada ou afogada em trabalho, tendo a esquecer-me de ser atenciosa com quem me rodeia.

Identifique as relações que lhe inspiram alegria e cuide bem das que decidir manter – são ambos passos essenciais à construção de uma rede de contactos feliz. Se sentir que há algo de errado com a sua rede de contactos, interprete-o como um sinal. Acredite que, quando se sentir cómodo, poderá

> gozar de uma vida realizada e contribuir mais decisivamente para a vida de quem o rodeia. Despeça-se com gratidão de todas as relações de que já não precisa e estime as que decidir manter.
>
> M. K.

Avalie os Seus Contactos para Identificar Relações Que Lhe Inspiram Alegria

É provável que tenha contactos espalhados por muitas plataformas: LinkedIn, Facebook e todas as redes sociais, assim como a lista de contactos do seu *smartphone* e conta de *e-mail*. A própria Marie já o ajudou a arrumar cartões de visita. Provavelmente seria uma tarefa demasiado morosa reunir os contactos de cada uma dessas listas numa pilha única. No que diz respeito a relações, é aceitável proceder a esta arrumação plataforma a plataforma. Organize os contactos em cada uma das plataformas de maneira semelhante. Comece por projetar o que seria a sua vida laboral perfeita. Com que pessoas e tipo de pessoas pretende privar? Com quem quer passar o seu tempo?

Pense em cada pessoa individualmente e pergunte a si próprio: *De que contactos preciso para desempenhar as minhas funções?* Por vezes, pôr colegas e parceiros de negócios em contacto faz parte do trabalho.

De seguida, pergunte a si próprio: *Que contactos me podem ajudar a ficar mais próximo da vida profissional que idealizei?* Estes são os contactos que ajudam a construir um futuro que inspire alegria, um futuro com um novo (e melhor) emprego ou com oportunidades para obter informação e conhecimento de valor, tais como potenciais clientes e conselhos úteis.

Para terminar, pergunte a si próprio: *Quais destas relações me inspiram alegria?* Por exemplo, *Costumo sorrir quando penso nesta pessoa? Ficaria feliz se a encontrasse agora?* Algumas dessas pessoas podem inspirar-lhe alegria por manter uma relação profunda com elas. Outras talvez sejam pessoas com quem gosta de estar ou que gosta de ajudar ou ensinar.

Se uma pessoa não encaixar em nenhum dos três grupos acima mencionados, apague os seus contactos, deixe de as seguir ou silencie as suas contas nas redes sociais. Muitas redes sociais permitem-lhe deixar de seguir usuários ou, pelo menos, deixar de receber notificações de determinados usuários, sem que fiquem a saber disso.

De futuro, permita-se ser mais criterioso nos contactos que estabelecer. Eu costumava responder impulsivamente «Aceitar» a qualquer pedido de amizade que me chegasse no LinkedIn ou no Facebook. Em boa parte, fazia-o pela excitação de pouca dura que decorria de ver o meu número de seguidores ou amigos aumentar. Mas acabei por perceber que dessa forma não estava a construir uma rede de contactos de valor, apenas a acumular dados avulsos e de maneira absolutamente arbitrária. Da mesma forma, não se deve sentir obrigado a aceitar todos os pedidos de reunião presencial que lhe fizerem ou a participar em todos os eventos de *networking* da sua região. Isto pode parecer chocante, mas declinar esse tipo de convites permite-lhe estar mais presente e dedicar-se às relações que mais importam.

Como Forjar Relações de Alta Qualidade

Tony, que conhecemos no capítulo 4 deste livro, celebrou recentemente a sua terceira promoção nos últimos sete anos. Profissional da área comercial e do *marketing* no setor energético, poderíamos ser levados a pensar que Tony teria constituído uma formidável rede de contactos para servir de apoio à sua ascensão meteórica. Puro engano.

Depois de uma reestruturação na sua empresa, Tony viu o seu supervisor ser despedido e ficou convencido de que teria o mesmo destino. Em vez de procurar ajuda numa ampla rede de contactos, Tony preferiu falar com quatro pessoas com quem tinha relações de alta qualidade e não demorou a receber quatro aliciantes propostas. «O número de contactos que temos é irrelevante. Naquele momento, não tinha trinta pessoas a quem pudesse ligar. Tinha poucos contactos, mas eram todos de pessoas de alta qualidade», disse.

Ao desenvolver uma rede de contactos restrita, é fundamental que seja composta por contactos deste tipo. Vários estudos demonstram que os contactos de alta qualidade implicam a existência de uma relação entre duas pessoas que se querem bem, mesmo perante circunstâncias difíceis como um projeto com um prazo apertado, quando ocorre um erro grave ou, no caso de Tony, perante uma ameaça à sua carreira. É com este tipo de pessoas que partilhamos os nossos verdadeiros sentimentos, é com elas que aprendemos, e é com elas que forjamos relações capazes de resistir a contratempos.

Jane, a minha mentora, não só é uma reputada especialista que se dedica ao estudo de relações de alta qualidade, como também é um exemplo de como essas relações devem ser fomentadas nas nossas vidas profissionais. Quando eu trabalhava na Universidade de Michigan, ela demonstrou que estabelecer relações de qualidade com os colegas tem muitas vantagens, entre as quais uma melhor saúde física e mental e uma maior criatividade e capacidade de aprendizagem.

Para fomentar relações de alta qualidade, primeiro que tudo, há que estar presente. Pôr um «gosto» numa publicação de Facebook de um amigo ou dar uma resposta formatada de «Parabéns» a uma pessoa que anuncia uma promoção no LinkedIn é tão fácil quanto insignificante. Não pergunte «Como está» a alguém se não estiver preparado para ouvir uma resposta de cinco minutos que talvez não seja totalmente agradável. E não responda com um superficial «Ainda bem» se pretende cultivar uma relação de alta qualidade. Lembro-me bem da primeira vez em que Jane me perguntou como estava. Respondi com um automático «Tudo bem», presumindo que ela estava apenas a ser cordial. Recordo vividamente a sua reação, a forma como me fitou e repetiu a pergunta com redobrada firmeza, «Não, quero mesmo saber como você está». Ela não aceitou a minha primeira resposta porque jamais conduziria a uma verdadeira amizade. Ela precisa de se pôr na minha pele para tentar compreender o que se andava a passar na minha vida. Por minha parte, tive de superar o medo de expor a minha vulnerabilidade, confiando em alguém cuja estima e respeito eu pretendia (e precisava) de merecer. Apesar de ser uma ilustre figura no meio académico (e eu um mero estudante), ela não deixou de procurar fomentar uma relação genuína comigo.

Em segundo lugar, ajude quem o rodeia a dar o seu melhor. Quando as pessoas percebem que você as quer genuinamente ajudar, abrem o coração de tal forma que se sedimenta uma relação de alta qualidade. A mentoria é uma excelente forma de ajudar, mas não é a única. Entre as maneiras menos formais de prestar assistência contam-se dar uma mãozinha a um colega atrapalhado ou estar disponível para dar ouvidos a quem precisa. Para fazermos um grande diferença na vida dos demais podemos servir de conselheiros, seja para partilhar opiniões construtivas sobre um determinado projeto ou para defender os projetos de quem nos pede ajuda. Jane investiu muito tempo da sua carreira a ajudar os seus alunos e fê-lo de uma forma pouco habitual para um mentor. Os resultados estão à vista. Ela foi professora de alguns dos profissionais mais influentes do seu ramo.

Em terceiro lugar, mostre espírito de abertura e deposite confiança em quem o rodeia. Baixe as suas defesas – não esconda os erros que comete e seja franco a respeito das suas debilidades. Ao fazê-lo mostra-se acessível e dá provas de que sabe evoluir. Isto não é fácil de conseguir quando se passa demasiado tempo a temer pelo nosso estatuto no trabalho. E, caso tenha um cargo de liderança, é provável que muitos o ponham num pedestal, o que torna ainda mais difícil que alguém se consiga aproximar de si. Até as pessoas mais talentosas e fantásticas com quem trabalha cometem erros, muitos erros – como todos nós! Pare de fingir que é perfeito. Assim que o fizer poderá começar a relacionar-se de maneira mais profunda com quem o rodeia.

Outra forma de contribuir para um clima de confiança passa por saber delegar. Não delegue trabalho para passar o tempo todo a monitorizar o processo e a ignorar quaisquer ideias que lhe possam sugerir. Tinha pouco tempo de doutorando quando Jane me começou a confiar tarefas importantes em projetos de investigação. E, sempre que cometia um erro, ela era a primeira a dizer que também tinha feito muitas asneiras ao longo da sua carreira e reconhecia que o erro fazia parte de qualquer projeto.

Em quarto lugar, dê espaço à brincadeira. Fazer ou dizer disparates de vez em quando não serve apenas de escape, também permite aprofundar as nossas ideias e estimular a criatividade. Eventos de equipa ou de empresa agendados para celebrar um êxito podem ser divertidos, mas os encontros espontâneos organizados pelos próprios trabalhadores costumam ser mais autênticos e menos forçados.

Ao longo da sua carreira, Jane organizou muitos eventos com a presença de ilustres académicos de todo o mundo. Os professores costumam ser algo introvertidos, sérios e desconfiados. Ainda assim, ela parece encontrar sempre maneira de abrir portas ao divertimento. Uma das suas estratégias favoritas consiste em distribuir por todos um artigo associado à conferência que reflita de certa forma o tema do evento, mas de forma que convide a uma participação descontraída – certa vez, por exemplo, distribuiu sementes de plantas numa conferência sobre crescimento profissional.

―――

Em vez de responder afirmativa e cegamente a qualquer pedido de mentoria, aconselhamento ou quaisquer outros tipos de ajuda, cultive relações que lhe sejam importantes. É perfeitamente aceitável recusar pedidos superficiais, assim como é gratificante do ponto de vista pessoal ajudar pessoas da sua rede de contactos com as quais se preocupa verdadeiramente. Substitua-se o *networking* por relações de alta qualidade, substituam-se redes amplas de pouca substância por redes mais confinadas de relações que realmente inspiram alegria.

8
Arrumar Reuniões

Gavino havia passado grande parte da sua carreira ao serviço da segurança pública, mais concretamente como agente policial e, mais tarde, nos quadros do Exército norte-americano. Uma carreira gratificante, com momentos altos como a atualização do programa e das operações na academia de polícias e a participação no cordão de segurança que permitiu a realização de eleições livres no Afeganistão. Contudo, esta era também uma carreira cheia de reuniões. Com *briefings* diários, Gavino dava frequentemente por si em reuniões em que não havia absolutamente nada a discutir.

Gavino acabaria por trocar a carreira no setor público por uma consultora de projeção global. Hoje em dia, ele ajuda algumas das maiores empresas do mundo a inserir variáveis relacionadas com os recursos humanos, tais como a folha salarial e a coordenação dos períodos de férias, numa única plataforma tecnológica.

Como Gavino veio a descobrir, o mundo empresarial tem muito de diferente dos seus antigos empregadores do setor público. Sem protocolos regulamentados, cabia às chefias determinar quando e como conduzir reuniões.

Um fabricante sedeado na Florida foi o cliente do seu primeiro projeto. Os dois colíderes desse fabricante tinham formação e estatutos equivalentes no seio da empresa. Apesar de ambos participarem por defeito nas reuniões convocadas por qualquer um dos dois, quando a liderança passava das mãos de um para outro as reuniões decorriam de maneira muito diferente. John gostava de agendar reuniões frequentes e demoradas. Mark preferia marcar um número mais reduzido de reuniões e garantir que eram breves e sucintas.

As discussões que surgiam nas reuniões de John pareciam não ter rumo e só acabavam quando todos os participantes sucumbiam ao cansaço, ao ponto de deixarem de falar. Numa extensa reunião com os seus colegas consultores, houve quem se lembrasse de pôr em prática um simples plano de fuga: rumar à casa de banho. Depois de uma mulher ter pedido para se ausentar para ir à casa de banho, outros decidiram seguir-lhe o exemplo, o que viria a fazer com que a reunião terminasse. «Este tipo de reuniões distraem-nos do trabalho que há a fazer e tornam o dia muito mais longo... quase parece castigo... aniquila qualquer possibilidade de sentir prazer no trabalho feito», protestou Gavino.

Em contrapartida, as reuniões de Mark começavam pontualmente e chegavam a acabar antes da hora prevista, graças à ordem de trabalhos predefinida. Gavino sentia-se tão motivado e empenhado durante essas reuniões como depois de terminarem, sempre pronto a contribuir com o seu melhor.

Por muito que as reuniões nos possam dececionar, não deixamos de precisar delas. É nas reuniões que nos ocorrem novas ideias, que se tomam decisões importantes, que aprendemos dos outros e trabalhamos juntos. De acordo com um estudo recente, mais de 15% da satisfação que um trabalhador sente a respeito do seu trabalho depende da satisfação proporcionada pelas reuniões em que participa. É um número muito elevado se tivermos em conta a quantidade de fatores que influenciam a satisfação laboral, tais como a natureza do trabalho desenvolvido, o salário, as perspetivas de progressão na carreira e a relação pessoal com o patrão.

É muito mais fácil sentir alegria no trabalho quando participamos em – ou dirigimos – reuniões bem conduzidas. Porém, não restam dúvidas de que uma reunião mal conduzida se pode tornar uma experiência penosa e um dos maiores obstáculos à nossa produtividade. Reuniões dirigidas dessa forma comprometem o nosso empenho, deixam-nos esgotados do ponto de vista emocional e tornam impossível sentir alegria no trabalho. Contudo, tal como a experiência de Gavino demonstra, as reuniões não são necessariamente o problema. É possível ser produtivo com reuniões mais curtas e ocasionais.

Independentemente do seu título ou cargo, existem alguns passos simples que poderá dar para ajudar a duplicar a eficácia de uma reunião em metade do tempo e ainda contribuir com um refrescante elemento de alegria!

Imagine a Sua Reunião Ideal

Antes de começar a arrumar as suas reuniões, pense como seria uma «reunião ideal» para si – tanto as reuniões a que assiste como aquelas que possa vir a conduzir. Mesmo que ainda esteja a dar os primeiros passos na sua carreira e dê por si à mercê da forma como outros conduzem as suas reuniões, é importante que saiba o que pretende de cada reunião. Se disser a si próprio que todas as reuniões são um aborrecimento, é precisamente nisso que as reuniões se vão tornar.

Descreveria a sua reunião ideal como uma reunião de propósitos e objetivos claros? Marcada por uma participação ativa? Animada por pessoas que se sabem ouvir e respeitar, sem que com isso se deixem de divertir? Uma reunião em que consegue mostrar resultados em pouco tempo?

Escreva ou reflita sobre como gostaria que fosse a sua reunião ideal e os resultados que dela se pudessem esperar.

Reúna as Suas Reuniões

Uma vez que pontuam toda a semana de trabalho, é possível que não tenha consciência do tempo e esforço que dedica a reuniões. Está na hora de reunir todas as suas reuniões num único sítio.

Percorra a agenda da semana passada e identifique todas as reuniões em que participou. Não deixe de incluir reuniões que não tenham sido formalmente agendadas, como qualquer agrupamento espontâneo de última hora. De seguida, atribuindo uma ficha de arquivo a cada reunião (ou folha de cálculo, como referido anteriormente), escreva o título da convocatória, o número de minutos que lhe ocupou e a frequência com que essa reunião é agendada.

Por fim, pegue em cada uma dessas fichas e pergunte a si próprio: *Esta reunião foi necessária ao desempenho das minhas funções?* Será que, por exemplo, essa reunião contribuiu com informação relevante a que não teria acesso de outra forma? Será que ajudou a resolver um problema premente? Será que permitiu chegar a uma decisão importante ou implementar um novo plano de ação? Ou será que você se limitou a comparecer para evitar chatices com o patrão? No caso das reuniões semanais, será mesmo necessário comparecer sempre?

Será que esta reunião me deixou mais próximo do que idealizo para a minha vida profissional? Por exemplo, será que lhe permitiu aprender algo determinante para o progresso da sua carreira?

Inspirou-lhe alegria? Por exemplo, será que a reunião o fez sentir mais próximo dos seus colegas? Teve momentos divertidos?

Rasgue todos os cartões que não satisfaçam pelo menos uma das condições acima referidas. Não deixe de agradecer a cada reunião a oportunidade de aprendizagem que lhe proporcionou (mesmo que só tenha servido para aprender como não se deve conduzir uma reunião!).

A respeito das reuniões que lhe couber organizar, reveja as respetivas fichas de arquivo partindo do pressuposto de que todas as reuniões marcadas devem ser canceladas. Nada é sagrado – seja o encontro semanal, a conferência trimestral descentralizada, as sessões de encerramento semestral ou a reunião bimestral de projeto. Procure manter apenas as reuniões recorrentes em que se produz trabalho de qualidade e em que os índices de satisfação dos participantes são elevados – e só o deverá fazer enquanto essas reuniões forem necessárias ou úteis. Não é por terem dado excelentes resultados no passado que as deve perpetuar.

De seguida, coloque todas as fichas de arquivo diante de si de forma que as consiga ver todas de relance. O que é que essas fichas lhe dizem sobre o seu emprego? Sente que está a passar demasiado tempo em reuniões e pouco tempo a fazer o seu trabalho? Será que muitas dessas reuniões são obrigações associadas ao emprego e poucas o ajudam a aproximar-se da vida laboral que idealizou? Dá por si a passar dias inteiros em reuniões apenas para agradar ao patrão?

Separe as Reuniões Desordenadas das Irrelevantes

Faça o que estiver ao seu alcance para que lhe deem escusa de reuniões que não sejam essenciais para si, que não lhe encham de promessa de um futuro mais feliz ou que não lhe inspirem alegria. A verdade é que, apesar dos nossos esforços, isto nem sempre será possível. Para certas pessoas, dada a natureza do seu empregador, poderá até suceder que isto jamais venha a acontecer. Resta-lhe confiar no seu discernimento para sopesar as várias condicionantes associadas ao seu trabalho. Porém, muitas pessoas nem se chegam a aperceber da margem de manobra que têm ao seu dispor.

São dois os principais motivos pelos quais as pessoas não querem comparecer em determinadas reuniões: ou porque sabem que a reunião será desorganizada, ou por a reunião em causa não ser particularmente relevante para o seu trabalho. Mais à frente explicarei de que forma qualquer um de nós pode contribuir para melhorar uma reunião. A ordem contribui sempre para melhorar a qualidade de uma reunião e, caso o seu teor lhe seja relevante, valerá sempre a pena marcar presença. O trabalho que fizer de antemão pode contribuir para que uma reunião esteja à altura do seu potencial.

Se uma dada reunião lhe parecer irrelevante numa perspetiva de aprendizagem ou contributo, é perfeitamente razoável da sua parte evitar comparecer. Nesses casos, a sua comparência não o aproxima da vida profissional que idealizou, nem serve qualquer outro propósito, como auxiliar colegas no desempenho do seu trabalho. Tony, o profissional de *marketing* do setor energético que conhecemos no capítulo 4, adotou o hábito de avaliar o potencial de cada reunião antes de aceitar qualquer convite. Muitos dos colegas de Tony trabalham pela noite dentro porque passam o dia a correr de uma reunião para a outra e nunca lhes sobra tempo para os seus projetos.

«É possível que apenas 10% das reuniões valham o tempo que nelas investimos», atira.

Tony tem uma abordagem bastante direta. Ele sabe que ser bom colega lhe dá margem de manobra para declinar certos convites com a necessária cortesia. Apesar de ser um funcionário de quadro médio que não convoca nem organiza reuniões, Tony aprendeu a identificar as reuniões que merecem a sua presença e não se acanha na hora de dizer ao patrão que acha a sua presença desnecessária. «Comparecer nesta reunião implica diminuir o volume de trabalho que realmente gera valor para os acionistas», argumenta.

Muitas empresas valorizam de tal maneira as reuniões que não é realista evitá-las sem tomar algumas medidas adicionais. Há quem não tenha a confiança ou o estatuto necessário para declinar de forma franca o convite para comparecer a uma reunião. Poderá sentir-se na obrigação de comparecer por lhe parecer intimidante, ou até insensato, dizer a um colega que tomou a opção consciente de não ir a uma determinada reunião. Imagine como se desenrolaria esse diálogo. «Desculpa, mas saio sempre exausto das tuas reuniões e não me servem para nada. Desta vez não vou.» E quando é o seu patrão a convocar a reunião, chega a parecer impossível declinar o convite. Então, o que pode fazer?

Experimente pedir uma descrição em traços gerais do propósito da reunião e a respetiva ordem de trabalhos. Faça-o movido pelo genuíno desejo de se preparar para a reunião. Talvez isso o ajude a compreender a relevância que a reunião tem para o seu próprio trabalho. Mas se as dúvidas subsistirem sobre o que poderá vir a aprender ou a contribuir nessa reunião, faça mais algumas perguntas simples. Tenha o cuidado de as formular sempre de forma que demonstre interesse no sucesso da reunião para que o organizador não as veja como uma afronta. Faça perguntas como: *De que forma posso contribuir para o sucesso desta reunião? Qual é a melhor maneira de me preparar para esta reunião?* Estas perguntas permitem-lhe compreender facilmente e sem grandes riscos qual será o seu papel no contexto da reunião. Talvez até levem o próprio organizador a concluir que a sua presença na reunião é desnecessária.

Se, findo este esforço preliminar, continuar convencido de que não tem nada a acrescentar, peça cordialmente que o dispensem. Pode dar a saber ao organizador que não crê ser a pessoa indicada para participar na reunião em causa. Vários estudos demonstram que justificar uma determinada ação, indicando por exemplo não ter informação relevante para contribuir ou interesse no desfecho das matérias expostas na ordem de trabalhos, pode melhorar as suas perspetivas. Sempre que possível, indique outra pessoa que, no seu entender, possa dar um contributo mais valioso à reunião.

Se nada disto funcionar e acabar sentado nessa maldita reunião, procure sair dela pelo menos com uma nova aprendizagem.

Participar em Mais Reuniões não Faz de Si Um Trabalhador Mais Valioso

Seja franco consigo próprio se estiver a contribuir de forma ativa para alimentar a sua interminável pilha de reuniões. Quando pergunto a alguém se tem a agenda cheia de reuniões, a resposta é quase sempre afirmativa. Mas quando pergunto a essas mesmas pessoas como se sentiriam caso não fossem convidadas a participar numa determinada reunião, confessam que o interpretariam como uma ofensa pessoal ou um sinal de marginalização. Esqueça a ideia de que participar num maior número de reuniões o torna mais importante. Será que precisa ou sequer quer participar nessas reuniões? Ou aceita o convite apenas para dar prova do seu estatuto? Ou será que tem receio de perder uma conversa ou uma decisão importante? Não se esqueça de que as reuniões são apenas uma de muitas formas de fazer a diferença. Ganhar o prémio de recordista na comparência em reuniões não deveria ser o objetivo de ninguém.

Qualquer Pessoa Pode Trazer Mais Alegria a Uma Reunião

A reunião é um espaço partilhado de colaboração, de processos de decisão e de troca de ideias. Estime esse espaço e ele será sempre uma fonte de alegria. Não o use para beneficiar interesses próprios de pouca importância. As reuniões não são o contexto indicado para ensaiar monólogos prolixos, para exibir um espírito fechado ou diminuir ideias de colegas para fazer valer as nossas.

Regra n.º 1: Compareça. Compareça a valer. Foram demasiadas as reuniões em que participei em que poucos se mostraram verdadeiramente presentes e empenhados. Endireite-se na cadeira, aproxime-se da mesa e irradie energia positiva. Esta não é a altura para a sua cabeça se perder em divagações.

Regra n.º 2: Prepare-se. Se o responsável pela reunião partilhou a ordem de trabalhos de antemão, trate de a estudar. Se acha que não tem tempo para se preparar, se calhar também não tem tempo para ir à reunião. Volte a perguntar a si próprio: *Valerá mesmo a pena ir a esta reunião?*

Regra n.º 3: Ponha todos os dispositivos eletrónicos de lado. A sério, todos reparamos sempre que espreita o telemóvel. É falta de educação e dá a entender que a reunião é uma questão secundária para si e que não merece a sua atenção. Se estiver concentrado durante a reunião, ela não só será mais curta, como mais produtiva e agradável.

Regra n.º 4: Ouça... Ouça *mesmo*! Numa reunião é fundamental que possamos aprender uns com os outros. Ora, isto é bastante difícil de se fazer porque todos adoramos falar. Numa série de ensaios, um grupo de investigadores descobriu que as pessoas gostam tanto de falar que estão dispostas a auferir menos para poderem falar mais. A observação da atividade cerebral dos participantes no contexto desses ensaios revelou que falar proporciona sentimentos de satisfação equiparáveis aos de comer ou fazer sexo. Não admira, portanto, que as reuniões se tornem muitas vezes uma cacofonia de vozes incapazes de se concentrar num tema em concreto – e em que poucos se dispõem a dar ouvidos aos demais.

Regra n.º 5: Faça-se ouvir. Há alturas em que dispõe de informação excecional para partilhar. Procure contribuir para o progresso do diálogo com dados novos, uma perspetiva diferente ou simplesmente para pôr a conversa nos eixos. Se lhe parecer que precisa de aguçar o espírito crítico do grupo, faça de «advogado do diabo» ou assuma a posição da «concorrência» ou de outra parte interessada, tal como outro grupo da empresa, uma autoridade reguladora ou um cliente. Um líder competente não hesita em atalhar discussões redundantes ou desnecessárias, mas um bom participante também pode adequar o seu comportamento e escolher o momento certo para intervir ou escutar com base numa regra simples: *Estou a contribuir com informação nova e que nos deixa mais próximos do objetivo desta reunião?* Se assim não for, está na altura de dar ouvidos aos demais.

Regra n.º 6: Não diminua ninguém. Somos todos adultos. Apontar o dedo, cortar a palavra a alguém ou fazer elogios em boca própria apenas contribui para perturbar o regular funcionamento da reunião. Num estudo notável que incidiu sobre 92 reuniões de equipa, concluiu-se que as ocorrências de mau comportamento no contexto de uma reunião afetam muito mais a reunião do que qualquer gesto positivo. Por isso, procure deixar os seus comentários mordazes e má atitude à porta.

Finalmente, apoie os seus colegas. Em vez de rejeitar de imediato o que uma pessoa tem para dizer, procure ajudá-la a melhorar a ideia que tem para partilhar. Substitua o «Não, mas» por «Sim, e», suprima o impulso de rejeitar ideias alheias e fomente o hábito de ajudar no seu desenvolvimento. Isto fará com que os seus colegas se sintam melhor – e você também, por ter sido capaz de os ajudar.

Conduzir Reuniões em Ordem

Talvez você seja um gerente habituado a conduzir reuniões, ou talvez tenha a ambição de progredir na carreira e assumir novas responsabilidades, entre as quais provavelmente se incluirá a dinamização de reuniões. Talvez venha a tratar diretamente com clientes e lhe seja necessário organizar os vossos encontros para obter melhores resultados. Ou talvez a sua patroa um dia lhe peça para assumir a responsabilidade de conduzir uma reunião na sua ausência. Seja como for, será que vai estar pronto quando esse dia chegar? Independentemente do cargo que ocupa, aprender a conduzir uma reunião em ordem é uma competência que lhe será sempre útil.

Em primeiro lugar, precisa de saber qual é o objetivo que se pretende atingir com a reunião. Será sequer necessária? Algumas reuniões são puramente informativas e, por norma, há maneiras mais eficazes de partilhar informação. Um simples folheto ou uns quantos diapositivos podem ser suficientes para abranger todos os assuntos que pretende abordar. Faça essa informação chegar aos participantes de antemão e guarde a reunião em si para o debate de ideias e a tomada de decisões.

No caso das reuniões recorrentes, assume-se por defeito que um encontro semanal está agendado a menos que alguém trate de o cancelar. Não fará sentido substituir essa reunião recorrente por uma reunião ocasional caso haja algum assunto relevante a tratar?

Em segundo lugar, reflita cuidadosamente sobre os participantes que convida. Com a adoção generalizada das agendas digitais, tornou-se demasiado fácil convidar pessoas para participar em reuniões. Por outro lado, é sempre tentador convidar o máximo de pessoas possível, quer isso seja por revestir a reunião de uma certa ilusão de importância ou por se achar que, com tantos participantes, a reunião decorrerá sem percalços. Pense assim: se tivesse de redigir convites manuscritos para cada um desses participantes, será que os convidaria?

A verdade é que ter demasiadas pessoas numa reunião apenas contribui para a abrandar. Mais importante do que ter uma sala cheia é ter as pessoas *certas* na sala – as pessoas que dispõem de informação relevante para partilhar ou de autoridade para tomar medidas ou decisões concretas.

Em terceiro lugar, use o próprio convite para comunicar os objetivos da reunião. Fazê-lo ajuda cada um a decidir se a sua presença é realmente necessária à ordem de trabalhos. Se assim não for, dê-lhes dispensa da reunião sem qualquer retaliação. Se lhe parecer que a reunião não será tão produtiva sem a presença de uma determinada pessoa, dê a saber a essa pessoa a relevância que entende que ela poderá ter para a reunião. E se a reunião decorrer conforme previsto sem a presença de um colaborador, é porque a sua presença não era verdadeiramente necessária.

Certifique-se de que a agenda contém informação bastante para que os participantes da reunião se possam preparar adequadamente. Pode, por exemplo, enumerar as decisões específicas e medidas propostas a debater, pedir aos participantes que pensem em eventuais questões de antemão e convidá-los a contribuir com as suas ideias.

Em quarto lugar, incentive a participação. Não há maneira mais rápida de desmoralizar um grupo do que entrar num monólogo, sobretudo depois de se ter pedido às pessoas que contribuam com as suas ideias. Refira desde logo que o objetivo da reunião é ouvir as ideias de quem nela participa – e peça que as pessoas não se limitem a ouvir o que tem para dizer ou a concordar com tudo. Sempre que os líderes falam demasiado, o processo de decisão torna-se mais moroso, a produtividade decai e a própria qualidade das decisões sai prejudicada.

Evite andar à volta da mesa a pedir a cada participante que diga alguma coisa. Em vez disso, faça saber que qualquer pessoa pode intervir sempre que tiver algo a acrescentar. Peça que participem de forma ativa e contribuam com questões de desenvolvimento, que fomentem a troca de ideias, condição essencial para criar um espaço em que qualquer pessoa se sinta autorizada a tomar parte na discussão. Poderá colocar questões como: Que outro tipo de abordagem devemos considerar para resolver problema? A que potenciais riscos devemos estar atentos? Como é que se irão sentir os nossos clientes, funcionários ou eleitores?

Se as pessoas não participam, sobretudo em reuniões periódicas, comece por ter uma breve conversa para as incentivar a contribuir com as suas ideias em futuras oportunidades. Acha que não têm nada a acrescentar? Será que são as pessoas indicadas para marcar presença na reunião? Se assim não for, dispense-as. Se sentir que lhes falta confiança, por exemplo, por serem participantes de menor estatuto nos quadros da empresa, esclareça que as convidou porque queria conhecer as suas opiniões.

Em quinto lugar, defina quanto pretende que durem as reuniões. As reuniões de trinta ou sessenta minutos são comuns pela simples razão de serem dois números redondos. Não existe qualquer outra justificação lógica para que as reuniões tenham estas durações. Mesmo com os trabalhos concluídos, é raro que se dê por encerrada uma reunião antes da hora estipulada. Uma reunião agendada para ocupar um determinado número de horas irá inevitavelmente durar essas mesmas horas.

Nas reuniões que excedem os sessenta minutos, as pessoas acabam por se desligar. Com demasiado tempo em mãos, a primeira metade da reunião tende a ser improdutiva, como se não houvesse qualquer sentido de urgência naquele encontro. Além de ocupar menos tempo, uma reunião mais breve e a ligeira pressão associada ao cumprimento de um horário mais apertado podem constituir um estímulo à criatividade.

Experimente ir reduzindo a duração das suas reuniões em quinze minutos de cada vez até começar a sentir que o tempo escasseia.

Apesar de as reuniões demasiado longas sorverem a nossa energia, há que evitar substituí-las por reuniões curtas demasiado frequentes. A maioria das pessoas aceita sem hesitações qualquer convite para uma reunião curta, mas estas podem ter um custo tão elevado como as de longa duração (e isto partindo do pressuposto que as reuniões são realmente curtas, o que raramente acontece!). A preparação para ditas reuniões é morosa e interfere nas suas restantes tarefas. Num estudo recente, um grupo de investigadores concluiu que o número de minutos passados em reuniões tinha um impacto reduzido no bem-estar dos seus participantes. Era o número de reuniões em que participavam que mais importava. As perturbações constantes associadas à comparência num excesso de reuniões curtas faziam com que os participantes se sentissem mais desanimados e exaustos do que se tivessem comparecido em poucas reuniões de longa duração. Esse estudo revelou também que participar num maior número de reuniões não se traduz num aumento de produtividade. É muito melhor tratar um conjunto de assuntos de alguma forma relacionados entre si numa reunião de cerca de 45 minutos do que fazê-lo em várias reuniões breves distribuídas ao longo da semana.

Marque reuniões «de pé» em lugar da tradicional configuração com cadeiras dispostas em redor de uma mesa, uma vez que estas reuniões promovem ideias mais criativas e fomentam a colaboração. Simbolicamente, o ato de nos sentarmos faz com que se demarquem territórios, o que leva a que as pessoas se mostrem excessivamente defensivas a respeito das suas ideias e pouco disponíveis a contemplar novas perspetivas. Reunir de pé, em contrapartida, permite que os participantes se mostrem mais empenhados e menos territoriais. Um benefício acrescido das reuniões que ocorrem de pé é que tendem a ser mais curtas.

Por fim, tal como uma reunião precisa de ter objetivos e uma ordem de trabalhos, também precisa de ser encerrada com um resumo. Comece por agradecer a participação de todos os presentes. Não se esqueça que os convidados dedicaram tempo das suas agendas para dar apoio à ordem de trabalhos proposta, pelo que lhes deve uma mostra sincera de gratidão. O resumo final deve ajudar os participantes a perceber por que motivo o tempo investido naquela reunião foi bem investido. Procure responder a questões como: Que progressos fizemos? Que obstáculos encontrámos? O que foi que aprendemos? Que problemas conseguimos resolver? No final de uma reunião em que algo foi decidido, peça a todos os participantes que se manifestem publicamente a favor da decisão tomada, mesmo que inicialmente estivessem em desacordo. Com esta declaração pública, é muito mais provável que ditos participantes tratem de fazer cumprir a decisão em lugar de se perderem em conversas de bastidores depois da reunião que podem vir a comprometer ou sabotar a decisão tomada.

Imagine reuniões estimulantes – reuniões em que verdadeiramente anseia participar. Reuniões que fazem avançar projetos de valor e que, por vezes, até terminam antes da hora marcada. Este cenário ficará ao seu alcance assim que começar a fazer o que lhe compete para pôr ordem nas suas reuniões. Ajude toda a gente a sentir mais alegria na sala de reuniões!

9
Arrumar Equipas de Trabalho

Marcos conseguiu o emprego dos seus sonhos. Enquanto analista superior de fornecimento com a responsabilidade de supervisionar as aquisições de tecnologia da informação para os Estados Unidos numa das maiores empresas do setor energético, todos os dias Marcos ia para o trabalho cheio de entusiasmo. Contudo, um ano após ter assumido funções, o setor energético entrou em recessão. O cargo que Marcos ocupava foi eliminado do organograma e o diretor fez-lhe um ultimato: ou mudava de equipa ou teria de abandonar a empresa.

Marcos ficou compreensivelmente abalado. Não tinha vontade de abandonar a sua equipa de sempre e o trabalho a desenvolver na nova equipa parecia-lhe profundamente aborrecido – rever e emendar as 15 000 faturas que a empresa recebia todos os meses. Como não queria ficar desempregado, Marcos aceitou relutantemente integrar a nova equipa e dedicar-se à estupidificante tarefa de corrigir erros de faturação. «Foi doloroso. Senti uma certa mágoa», confessou.

Assim que assumiu o novo cargo, Marcos percebeu que o trabalho desenvolvido pela equipa de faturação era pouco menos do que caótico. Com uma taxa de erro acima dos dois dígitos, parecia haver simplesmente demasiadas faturas que não eram pagas ou que eram indevidamente pagas. A equipa de quinze trabalhadores também não tinha um líder formal, pelo que Marcos decidiu que assumiria essa responsabilidade. *Ficaste com o pior cargo possível na cadeia de produção*, disse para consigo. *Mas serás capaz de te afirmar como líder do grupo sem um título que o ateste?* Em pouco tempo, tornou-se a pessoa de referência para corrigir qualquer erro de faturação, o que contribuiu para facilitar o trabalho dos seus colegas. O exemplo dado à restante equipa fez com que os seus esforços tivessem um impacto ainda maior.

A iniciativa que demonstrou fez uma grande diferença. A equipa consolidou-se, os seus membros começaram a apreciar mais o que faziam e juntos conseguiram reduzir em alguns pontos percentuais a taxa de erro até então verificada. Aos poucos, a equipa fez-se notar pela qualidade do trabalho desenvolvido. Pouco demorou para que a administração decidisse recompensar Marcos com um novo cargo na análise da cadeia de abastecimento, um departamento mais respeitado na estrutura da empresa. Ao sair do departamento de faturação, a administração ofereceu ao seu sucessor o cargo formal de chefe de equipa, reconhecimento que Marcos nunca chegara a merecer, mas que sublinhava de forma clara o impacto das funções informais que ele assumira de livre iniciativa.

Mesmo depois da promoção, Marcos manteve-se sempre em contacto com a sua anterior equipa. Poucos meses mais tarde, o novo chefe de equipa decidiu reverter algumas das medidas implementadas por Marcos e tanto o nível de compromisso como o estado anímico da equipa decaiu abruptamente. Ainda não tinha passado um ano da sua mudança quando a administração pediu a Marcos que voltasse a assumir funções naquele grupo de trabalho.

E foi assim que, pela segunda vez em dois anos, Marcos trocou um cargo auspicioso por uma equipa cujo trabalho lhe parecia um absoluto tédio. Para piorar as coisas, o grupo voltara a deixar de ter um cargo de chefia formal, pelo que Marcos não tinha sequer como aliciante o reconhecimento, nem o aumento salarial, que julgava merecer. Foi uma mudança dececionante, mas lá no fundo, Marcos até sentia algum entusiasmo pela perspetiva de regressar àquele desafio.

Desta feita, trazia consigo grandes planos. *Mesmo que as pessoas não estejam sob a minha supervisão, vou reconstruir esta equipa de cima a baixo e pô-la nos eixos*, pensou. Assumindo o papel de líder que muitos de nós aspiramos a ser, Marcos tratou de pôr ordem naquela equipa de trabalho. O que encontrou foi uma estrutura demasiado pesada e improdutiva em que havia pouca alegria no trabalho. Traçou o ambicioso objetivo de reduzir uma taxa de erro superior a

10% para 3% e de o fazer com uma equipa mais pequena. Marcos queria que a equipa fosse de tal forma eficiente que garantisse que jamais o voltariam a chamar para resolver um problema que parecia recorrente. «Toda a gente sabe que estou a automatizar processos para que esta equipa possa funcionar sem mim», gabava-se.

Marcos ajudou a desenvolver um autómato capaz de fazer o trabalho equivalente a cinco funcionários, o que abriu caminho à redução da equipa em mais de metade do número de funcionários. De seguida, tratou de encontrar postos de trabalho mais adequados para os seus colegas excedentários. Um passou do mundo pedestre e terreno da correção de faturas para a responsabilidade da organização das reuniões de equipa. Outra finalmente reuniu a coragem que antes lhe faltara para mudar para uma equipa ao nível das suas competências. Devido aos esforços desenvolvidos por Marcos, a empresa poupou muito dinheiro e os seus funcionários passaram a dedicar o seu tempo a fazer aquilo que mais os deixava felizes – o que parecia muito distante da promessa de monotonia que a proposta inicial de emendar milhares de faturas continha. Marcos sentiu-se realizado por ter conseguido ajudar todas as partes envolvidas, referindo-se ao seu trabalho como algo «absolutamente gratificante».

Quando as equipas estão devidamente alinhadas, o trabalho torna-se mais gratificante e os índices de produtividade sobem. Os trabalhadores sentem orgulho no que fazem e procuram fazer a diferença. Em contrapartida, quando damos por nós numa equipa desorganizada, perdemos tempo e sentimo-nos frustrados. Podemos mesmo chegar a alhear-nos do trabalho, comparecendo em reuniões sem nos prepararmos ou sem vontade de dar voz às nossas ideias.

Dada a natureza da maioria dos trabalhos, é difícil que lhe inspirem alegria se as próprias equipas que integra não forem alegres. Marcos aproveitou uma oportunidade para melhorar a sua equipa, mesmo sem que lhe tivesse sido oferecido um posto formal de chefia. Transformou uma equipa ineficaz e com funções pouco inspiradoras num grupo metódico, entregue a tarefas muito mais aprazíveis e com melhores resultados. Mesmo que não lhe caiba a responsabilidade de liderar uma equipa, saiba que pode sempre dar o seu contributo para criar um ambiente de trabalho mais alegre!

Visualize a Sua Equipa Ideal

Ao longo da sua carreira, é provável que se tenha cruzado com dois tipos de equipas de trabalho. As equipas de trabalho principais são grupos permanentes que habitualmente se organizam em torno de um departamento ou de qualquer outra estrutura organizacional. Entre equipas desta natureza tanto podemos encontrar unidades de enfermaria, batalhões de soldados ou direções multifuncionais. Por outro lado, as equipas de projeto são temporárias por definição e constituídas para resolver problemas específicos, lançar um produto, prestar serviços a um cliente concreto ou tomar uma decisão. Em ambos estes tipos de equipa deve existir colaboração, capacidade de fazer convergir diferentes pontos de vista e de desenvolver e implementar ideias.

Dedique uns instantes a imaginar como seria a sua equipa de trabalho ideal. Que sensações lhe transmite essa equipa? Será uma equipa feita de interações positivas e de relacionamentos afetuosos? Será uma equipa «centrada no negócio» e capaz de responder com solvência a qualquer necessidade que surja ou será que sobra algum espaço para desenvolver relações pessoais mais profundas fora do contexto laboral? Será uma equipa que privilegia o apoio, o estímulo ou o crescimento? Não haverá uma resposta unívoca a todas estas questões, é certo, pelo que o mais importante é que sinta que a equipa no seu todo faz sentido.

Faça Uma Pilha de Equipas

Está na altura de reunir todas as equipas de que faz parte numa pilha. No cabeçalho de uma ficha de arquivo (ou folha de cálculo), escreva o nome de cada equipa, incluindo o seu grupo de trabalho principal e todas as equipas de projeto.

Vejamos o que ocorre com cada equipa. É inevitável que surja a «equipa de intervenção em [espaço em branco]» ou o «grupo de resolução de problemas genéricos». Mas qual é o verdadeiro propósito dessas equipas? O *propósito* é a crença genuína no valor do trabalho que está a desempenhar. Vincular cada uma das nossas iniciativas a um objetivo maior ajuda-nos a encontrar sentido. Na ausência de um propósito claro, as equipas rapidamente se transformam numa embrulhada constante, a saltar de tarefa em tarefa, perdidas sem uma razão clara que justifique a sua existência.

O líder da equipa deve ser capaz de delinear o propósito da equipa que lidera – e, caso se encontre nessa posição, está na altura de deitar mãos à obra! O resto dos membros da equipa quer compreender esse propósito, mesmo que nunca lhe tenha sido comunicado, para sentir que a conjugação dos esforços de cada um contribui para uma causa maior e que o seu tempo é bem investido. É demasiado vago apontar como finalidade de uma equipa «o crescimento», a «resolução de problemas» ou a «melhoria de um processo». Além disso, é pouco inspirador. Tanto quanto lhe for possível, procure estabelecer uma relação direta entre o trabalho desenvolvido pela equipa e o contributo que esse trabalho proporciona a uma pessoa ou a um grupo. No caso da equipa de correção de faturas que Marcos liderava, o propósito maior não era a correção de erros em si. A sua equipa sentiu o apelo de restituir integridade à empresa, pagando aos fornecedores de forma séria e atempada. Da mesma forma, uma equipa de desenvolvimento de produto funciona melhor quando o seu propósito não se centra tanto no lançamento de novos produtos, mas sobretudo na satisfação do cliente e na possibilidade de contribuir para melhorar a sua vida.

Numa estudo verdadeiramente inspirador, um grupo de investigadores dedicou-se a observar uma equipa de empregados de limpeza de um hospital. A função destes profissionais consistia em manter a limpeza de quartos e espaços comuns do hospital, tarefa pouco gratificante que não raras vezes contribui para a infelicidade de quem a executa. Esta equipa, contudo, parecia pujante e os seus membros pareciam satisfeitos com o que faziam. Qual seria o segredo? Em vez de reduzir o seu propósito à limpeza de espaços frequentados pelos pacientes, a equipa compreendia que desempenhava um papel vital no seu tratamento. Além de contribuir para criar um ambiente de conforto para pacientes expostos a tratamentos duros, a equipa também ajudava a que os pacientes se sentissem melhor, por exemplo, ao estender um lenço sempre que encontravam alguém a chorar ou ao oferecer um copo de água a alguém que parecesse nauseado.

Escreva uma frase em cada ficha de arquivo que sintetize o propósito de cada uma das equipas que você integra e pergunte a si mesmo: *De que forma esta equipa contribui para os objetivos ou metas da empresa? Que tipo de informação ou de ideias úteis temos produzido? O que é que me satisfaz a nível pessoal no trabalho que desempenho nestas equipas?*

Sente dificuldades a responder a estas perguntas? Fale com outros membros da equipa para ficar a conhecer os seus pontos de vista sobre aquele que é o propósito da equipa em causa. Se a dificuldade em responder a estas questões for generalizada, talvez a existência dessa equipa não se justifique. Há muitas equipas formadas para satisfazer um determinado propósito – que, entretanto, já foi cumprido.

Avalie a Sua Pilha de Equipas

Está na altura de pegar em cada uma das fichas de arquivo que escreveu, começando na mais fácil de equacionar e indo até à mais difícil. Para a maioria das pessoas, isto significa começar pela equipa em que se está menos envolvido e acabar na equipa de trabalho principal. Coloque as seguintes questões a respeito de cada equipa:

Será que esta equipa é necessária ao desempenho das minhas funções? A menos que esteja prestes a mudar de emprego, o envolvimento com a sua equipa de trabalho principal é sempre necessário. Outras equipas podem revelar-se necessárias por proporcionarem informação para o desempenho do seu trabalho, por requererem o seu contributo ou simplesmente porque o seu patrão assim o determinou.

Será que esta equipa me deixa mais próximo da vida profissional que idealizei? Talvez uma equipa o motive ou o ajude a desenvolver competências ou a fazer contactos para o futuro risonho com que sempre sonhou.

Será que esta equipa me inspira alegria? Ou, por outras palavras, será que contribuir para o propósito da equipa o deixa feliz?

Antes de pôr uma ficha de parte, aceite que por, muito nefasta que uma equipa lhe possa parecer, há sempre algum valor no trabalho em equipa. O que há a aprender com determinado membro da equipa? De que membro da equipa se sente mais próximo e com quem gosta mais de falar? Que contributo dá à equipa que seja de valor?

Separe as equipas em duas pilhas: a pilha das equipas com as quais se sente satisfeito e a pilha das equipas que precisam de melhorar. É um ótimo ponto de partida quando a sua equipa de trabalho principal faz parte das que lhe inspiram alegria, visto que normalmente é com essa equipa que passa a maior parte do tempo. E se uma equipa de projeto o deixa particularmente feliz, o que será que a torna tão atrativa? Identificar semelhantes fontes de alegria permite-lhe ficar a saber mais sobre si e sobre o que pretende fora do contexto do trabalho.

Por muito que gostasse de partilhar consigo um qualquer truque que lhe permitisse libertar-se da pilha de equipas que não lhe inspiram alegria, a verdade é que isso simplesmente não é viável para a maior parte das situações. É mais sensato contribuir para melhorar as equipas em que se encontra envolvido – e torná-las uma fonte de mais alegria e menos frustração. Por ora, peço-lhe que se concentre sobretudo nesta pilha em concreto, mas os conselhos que aqui partilho servem igualmente para tornar uma boa equipa ainda melhor. Não se esqueça de que, independentemente do cargo que ocupar, há algumas maneiras simples de tornar uma equipa mais feliz.

Não Meta os Seus Companheiros de Equipa em Trapalhadas

Um membro de equipa pouco dedicado facilmente transforma uma equipa de trabalho feliz numa equipa desorganizada em que as pessoas se acabam por distanciar. Ninguém gosta de trabalhar para compensar as falhas de um colega desleixado ou impreparado. Andar à boleia do trabalho alheio é tóxico para o ambiente de qualquer equipa. «Para que é que hei de trabalhar no duro se aquele fulano não mexe uma palha?» é um argumento sobejamente conhecido de todos nós. Quando esta atitude se instala, o trabalho em equipa torna-se problemático. Além das recriminações e da atitude defensiva generalizadas, este tipo de comportamento faz com que menos pessoas surjam preparadas nas reuniões e ainda menos tenham um desempenho ao seu melhor nível. As pessoas que trabalham para compensar o desleixo de terceiros não se conseguem livrar de um certo ressentimento e podem mesmo acabar extenuadas.

Há vários motivos para as pessoas se desligarem do trabalho no contexto de uma equipa e, por norma, isso não se deve à potencial preguiça ou irresponsabilidade de ninguém. Alguma vez se coibiu de participar numa equipa por se achar rodeado de pessoas que lhe parecem mais inteligentes, conhecedoras ou experientes? Em muitas ocasiões, a falta de confiança impede que as pessoas deem o devido valor aos atributos singulares com que poderiam contribuir para o trabalho de uma equipa. Muitas vezes, é o membro menos experiente da equipa que consegue resolver os desafios mais exigentes. Não deixe de participar por ceder à ideia errada de que não tem nada para acrescentar – isso, em si, pode levar a que se crie um ambiente de equipa em que você parece algo alheado. Ajude a cimentar um ambiente de confiança, fazendo saber que todos (incluindo você!) têm um contributo valioso para dar. Procure identificar um aspeto específico em cada membro da equipa que faça a diferença para si, para a sua equipa, para outro membro da empresa ou para o cliente.

A Confiança Mantém as Equipas em Ordem

Num contexto laboral em constante mudança, a confiança recíproca ajuda a evitar que as pessoas fiquem esgotadas e regressem a casa com problemas que deveriam ser exclusivos do local de trabalho – muitas vezes voltamos maldispostos a casa, com pouco tempo e energia para dedicar aos que nos são mais próximos. Além de criar um ambiente de trabalho muito mais agradável, a confiança mútua ajuda as equipas a alcançar objetivos importantes. Quando fazemos parte de um grupo com elevados índices de confiança, todos fazem por contribuir para o bem comum. Em grupos em que essa confiança é reduzida, os esforços centram-se em objetivos individuais, por norma em detrimento dos propósitos comuns. Dessas situações resultam equipas conflituosas, em permanente disputa, que precisam de muito tempo para fazer muito pouco.

É difícil fortalecer a confiança mútua nos momentos em que mais dela precisamos, por isso não fique especado à espera. Invista o seu tempo a conhecer os membros da equipa fora do contexto de trabalho. Partilhe informação de forma aberta e incentive os demais a retribuir. Não tenha ânsia de apontar o dedo a membros da equipa quando cometem erros, uma vez que isso os deixará menos disponíveis para admitir erros em ocasiões futuras. E seja o primeiro a admitir os seus próprios erros. Ao reconhecermos as nossas próprias limitações, deixamos de ser demasiado duros para connosco perante um qualquer deslize. Isto permite criar um ambiente pautado pela segurança em que podemos confessar as nossas falhas e, assim, fazer com que o grupo como um todo seja mais forte.

A Discórdia Nem Sempre É Uma Desordem

É muito tranquilizador estar numa sala de reuniões com um grupo de pessoas que concordam com tudo o que é dito. Mas o problema é este: se não houver quem discorde, é possível que ninguém esteja a escrutinar devidamente uma decisão ou a contribuir o suficiente para que haja um debate enriquecedor. Vir a descobrir que a equipa teve um rendimento abaixo do esperado porque as pessoas tiveram medo de discordar abertamente é que não terá certamente nada de tranquilizador. Este efeito é conhecido como «mentalidade de grupo» e as equipas que se comportam desta maneira têm desempenhos invariavelmente medíocres. Para obter bons resultados, é preciso que as pessoas se sintam confortáveis a debater diferentes pontos de vista.

Vários estudos demonstram que, mesmo nos grupos mais heterogéneos, as pessoas costumam concentrar as suas atenções naquilo que é do conhecimento comum. Por exemplo, as preferências do cliente, projetos passados e o habitual modo de agir da empresa. Apesar de as nossas conversas incidirem sobretudo sobre aquilo que todos sabemos, a verdade é que cada pessoa pode contribuir com fatias de conhecimento que lhe são particulares. Muitas vezes, estas pequenas unidades de informação individual são vitais para a eficácia de uma equipa. Todos os membros da equipa devem dar o seu contributo, trazendo a lume as suas experiências, ideias e formação no contexto do trabalho.

Se lhe parecer que o grupo está demasiadas vezes de acordo com as ideias expostas, assuma deliberadamente a função de advogado do diabo. Ao aceitar explicitamente desempenhar tal papel, poderá rebater ideias de outros membros e dar espaço a perspetivas que não foram consideradas. Certifique-se apenas de que também dá aos outros a oportunidade de desempenhar esse papel. Se, por um lado, fazer o papel de advogado do diabo permite que sejam consideradas novas perspetivas, por outro não é divertido ter de ser sempre a mesma pessoa a assumir o papel de cético da equipa.

Se, ainda assim, se continuar a debater com dificuldades para dar espaço a ideias diferentes, não caia no erro de fazer aquilo que tantas equipas gostam de fazer: o *brainstorming*. As ideias saídas dessas dinâmicas de grupo costumam ficar muito aquém das expectativas uma vez que tais sessões são um espaço em que simultaneamente se produzem e avaliam ideias. Na tentativa de criar um ambiente seguro e compreensivo em que toda a gente possa contribuir com as suas ideias, é demasiado comum vê-las serem postas de parte sem que cheguem sequer a ser aprofundadas. E, depois de verem descartadas as ideias de alguns dos seus colegas, não surpreende que haja pessoas que optem por nem sequer se pronunciarem. Da mesma forma, é difícil não ver nos comentários negativos sobre as nossas ideias uma forma de ataque pessoal.

Em lugar do habitual *brainstorming*, promova sessões de criatividade redigida – isto é, sessões de escrita de ideias em grupo. Numa primeira fase, este é um exercício silencioso e permite aceder aos benefícios do *brainstorming* sem a necessidade de expor ninguém aos seus malefícios. A produção de ideias é assim separada da sua avaliação. E é muito simples de fazer. Peça aos membros da sua equipa que apontem as suas ideias, em silêncio, em fichas de arquivo. Depois de um período de incubação de ideias (com uma duração de cerca de 15 minutos), um dos membros da equipa assumirá a responsabilidade de agrupar as fichas com ideias semelhantes ou próximas. De seguida, cada ideia é apresentada de forma anónima à restante equipa e avaliada.

Faça Uma Limpeza aos Conflitos Pessoais

Se existirem demasiados conflitos pessoais ou manobras de bastidores no seio de uma equipa, isso pode ser verdadeiramente prejudicial para a equipa como um todo e para cada um dos seus membros em particular. Ninguém quer ser alvo ou sequer espectador de uma série de disputas e ataques pessoais. Que ambiente nefasto!

Evite envolver-se em intrigas. Evite coscuvilhar ou difamar terceiros e não caia na ilusão de achar que queixar-se de um colega com outros companheiros de equipa ajuda a criar laços autênticos e duradouros com quem partilha as suas dores. Qualquer simulacro de intimidade que advenha deste tipo de situação é falso, de curta duração e prejudicial à sua integridade.

É importante reconhecer que, quando alguém contesta uma das suas ideias, isso não significa que essa pessoa não goste de si ou que seja movida por más intenções. Sei perfeitamente que isto é difícil de fazer. O nosso orgulho e as nossas inseguranças podem fazer com que comentários depreciativos sobre as ideias que expomos se confundam com ataques pessoais – mesmo que não sejam movidos por más intenções. Se a equipa tiver trabalhado para fomentar um ambiente de confiança de antemão, estará de certa maneira protegida destas situações. A confiança é capaz de transformar desacordos sobre ideias em conversas produtivas, ao mesmo tempo que nos faz sentir melhor sobre o que nos for dado a ouvir.

Dê uma limpeza nas embrulhadas que forem da sua responsabilidade, solucionando quaisquer conflitos pessoais que tenha por resolver. Por vezes é necessário fazer uso de certa diplomacia para aligeirar o ambiente. Eu sei que pode ser difícil aproximarmo-nos de uma pessoa para lhe dizer: «Daqui em diante, gostava que tivéssemos uma relação formidável enquanto colegas e que nos apoiássemos mutuamente nos nossos projetos. Eu sei que nem sempre tenho agido dessa forma e lamento muito tê-lo feito.» Na maior parte das vezes, o seu interlocutor optará por retribuir esse gesto de boa vontade. Se não o fizer, é provável que essa pessoa tenha aquilo a que os investigadores se referem como uma «disposição egocêntrica» – uma vincada perspetiva individualista – que a impede de reconhecer o seu gesto de boa vontade. Não desista e faça nova tentativa, desta feita explicitando de forma mais clara o seu desejo de superar eventuais divergências do passado.

As Equipas Grandes Costumam Estar Cheias de Tralha

Quanto maior for uma equipa, maior a desordem que pode causar. A investigação demonstra que as equipas maiores tendem a ser menos gratificantes para quem nelas trabalha do que as equipas pequenas. Com tantas pessoas ao nosso redor, há uma probabilidade considerável de que haja sobreposição no contributo de cada membro, o que significa que as equipas se tornam mais caóticas e desorganizadas. Além disso, é difícil conseguirmo-nos destacar ou medir o impacto do nosso contributo quando há demasiada gente à nossa volta.

Uma equipa maior também costuma ser uma equipa mais lenta. Chegar a um consenso com uma vasta equipa exige muito tempo e nem sempre é possível de fazer. Jeff Bezos, diretor-geral da Amazon. com, costuma seguir a regra das «duas pizas» – nenhuma equipa de trabalho deve ser maior do que um grupo de pessoas capaz de se alimentar com um par de pizas. Vários estudos corroboram a regra de ouro de Bezos e sugerem que o tamanho ótimo para equipas que pretendem gerar ideias, tomar decisões ou inovar, se encontra entre 4 e 6 pessoas, sendo que 9 pessoas é o limite máximo para que a equipa seja eficaz.

Ainda que costume caber ao líder a responsabilidade de determinar a dimensão da sua equipa, conhecer as desvantagens de uma equipa grande pode ser útil para qualquer pessoa. Se fizer parte de uma equipa grande, proponha que esta seja dividida em pequenos subgrupos de trabalho. Pense bem antes de recomendar a inclusão de um colega que não contribui com uma perspetiva singular. E, quando lhe couber a si essa responsabilidade, opte sempre por criar equipas pequenas.

O Segredo do Método KonMari para Formar Equipas

Fazer com que o trabalho inspire alegria é determinante no seio da equipa KonMari. O primeiro passo que damos nesse sentido consiste em identificar o que inspira alegria a cada membro da nossa equipa e, de seguida, delegar tarefas de acordo com as preferências de cada um. Kay, a nossa assistente executiva, adora gerir tarefas no Excel e tratá-las de forma sistemática. Tem também muita atenção com os pormenores que precisam de ser resolvidos com urgência, pelo que é esse tipo de trabalho que mais lhe solicitamos. Ela é uma daquelas pessoas que, quanto mais trabalha, mais energia parece ter.

Jocelyn, a nossa gestora das redes sociais, tem um forte desejo de ter impacto social no trabalho que faz, pelo que em vez de a preocupar em fazer crescer o número de seguidores das nossas contas, prefiro partilhar com ela as diferentes formas como o nosso trabalho ajuda a fazer deste mundo um mundo melhor.

A Andrea adora ver clientes satisfeitos e é a ela que pedimos que trate da comunicação com os nossos clientes. Na reunião semanal da nossa empresa, ela tem a oportunidade de partilhar o que fez durante a semana para satisfazer os nossos clientes, numa ocasião a que costumamos chamar de «Momento Uau», uma grande fonte de motivação para a equipa.

Quanto a Takumi, meu marido, o que o deixa feliz é interagir com pessoas e criar um ambiente de trabalho em que todos possam dar o seu melhor. Atualmente é responsável pela gestão das várias equipas de trabalho da empresa e ainda me assiste como produtor. Estas funções assentam-lhe tão bem que estou convencida de que encontrou a sua verdadeira vocação.

Se pretendemos ter alegria no trabalho e ser altamente produtivos, é fundamental conhecermos as nossas paixões, partilhá-las com o resto da equipa e sabermos, também, o que inspira alegria aos nossos colegas.

M. K.

Apesar de as equipas poderem ser uma fonte de alegria para todos os membros que as integram, na realidade, muitas vezes as equipas ficam aquém dessa promessa. É importante que saiba que o sucesso de uma equipa é responsabilidade de cada um dos seus membros, independentemente do seu cargo, experiência ou estatuto – e um verdadeiro privilégio que podemos apreciar no contexto do trabalho. Faça o seu melhor para arrumar as suas equipas. Isso inspirará alegria no seu trabalho, mas também no de todos os outros.

10

Partilhar a Magia da Arrumação

É possível que se questione se fará sentido ter uma secretária imaculada se logo ali ao lado houver uma zona de uso comum sempre desarrumada. Ou talvez fique a pensar porque é que andou a pôr ordem na sua agenda se a cultura instituída na empresa permite que outros a voltem a preencher sem demora. E ter a caixa de entrada limpa nem sempre é fácil numa empresa cheia de viciados no *e-mail* que desafiam até o mais obstinado dos arrumadores digitais. Mas a questão é a seguinte: ao arrumar o seu trabalho, está a oferecer algo a si próprio que vai muito além de uma secretária limpa, uma agenda estruturada ou uma caixa de entrada vazia. Está a recuperar algum controlo sobre a sua vida profissional. Posto isto, o que se segue?

Partilhar a magia da arrumação com os outros!

É fácil de pensar que não podemos fazer grandes mudanças se não ocuparmos cargos de chefia. É fácil culpar os altos dirigentes de uma empresa por toda a balbúrdia com que nos debatemos no trabalho – e, nalguns casos, os patrões merecem de facto parte substancial da culpa. Mas, em vez de se pôr de lado e ficar a assistir, concentre-se naquilo com que pode efetivamente contribuir para melhorar a situação.

Os pequenos gestos podem provocar mudanças surpreendentes no contexto de uma organização. Jamais se atreva a pensar que lhe falta estatuto ou experiência para fazer a diferença. Fazer a diferença está ao seu alcance! Basta que seja realista e compreenda que a cultura de trabalho instituída uma empresa não muda de um dia para o outro. Procure partilhar, passo a passo, os benefícios da arrumação.

Deixe Que a Sua Arrumação Inspire os Demais

O meu escritório costumava estar numa permanente barafunda... uma tremenda barafunda. Mesmo sendo professor, acumulava demasiados livros e há muito que não tocava na maioria deles. As pilhas de artigos científicos cresciam de tal forma que me impediam de ver além da secretária. As próprias gavetas da secretária pareciam a pior versão concebível de uma loja de conveniência – *snacks* de validade há muito expirada, consumíveis de escritório adquiridos em tempos imemoriais e ainda guardados na sua embalagem original. Numa das gavetas cheguei a encontrar uma misteriosa chave que, ainda hoje, não sei que fechadura abre.

Nunca me tinha sentido particularmente motivado a arrumar até ter acabado de escrever o meu primeiro livro, *Stretch*. Com o lançamento desse livro apercebi-me que havia muita gente interessada em saber de que forma o meu trabalho se relacionava com o Método KonMari. Devo confessar que, a princípio, fiquei algo surpreendido com essas constantes referências. Aos meus olhos, o livro que escrevera compilava um conjunto de provas de que fazer muito com pouco fomenta a criatividade e conduz a um desempenho profissional de nível elevado, isto é, contribui para uma vida melhor. Já nessa altura sabia que Marie era perita em arrumação e uma escritora muito célebre, mas de que forma é que um método que ensinava pessoas a arrumar as suas casas se poderia relacionar com a minha intenção de promover o sucesso e a satisfação profissional?

Quando a revista *Well + Good* publicou a lista dos 10 livros mais entusiasmantes de 2017, tiveram a bondade de incluir *Stretch*, a que se referiam como «Marie Kondo de nova geração». De curiosidade aguçada, mas ainda algo cético, decidi levar a cabo a experiência de fazer uma arrumação a fundo do meu escritório. Essa foi a primeira vez em que pude comprovar a tremenda transformação espoletada pelo Método KonMari e em que percebi que o método estava mais próximo de ser uma ferramenta de introspeção e autoconhecimento do que um mero processo logístico de arrumação. Um espaço arrumado salta à vista e estimula quem o vê a arrumar também. Mas é o exercício de aprendizagem pessoal que nos deixa mais próximos da vida a que aspiramos.

Ao verem o meu escritório arrumado, os meus colegas ficaram completamente atónitos. «Uau! O que é que aconteceu?», perguntaram. «O teu escritório está impecável!» De súbito, também eles passaram a querer trabalhar num espaço recheado de itens de que verdadeiramente gostassem. Abrir as portas do meu escritório a colegas e funcionários foi apenas o primeiro passo. Por essa altura, já tinha por ambição mostrar às pessoas que a arrumação se podia estender a vários âmbitos da vida profissional.

É nessa medida que você pode ajudar. Mesmo que não seja possível obrigar ninguém a fazer arrumações, o seu exemplo pode servir de inspiração a terceiros se der a conhecer as suas conquistas. Convide colegas a visitar o seu espaço de trabalho. Fale-lhes sobre a forma como limpa o seu *e-mail* e gere a sua agenda. Exiba sem pudores a ordem reinante nos ecrãs do seu *smartphone* e do seu computador. Faça-lhes saber como aprendeu a contornar os bloqueios habitualmente associados ao excesso de escolha em processos de decisão. Da mesma forma, se cimentar relações de alta qualidade, as pessoas que o rodeiam vão querer seguir o seu exemplo. Explique como e por que motivo pede que as reuniões sejam devidamente agendadas.

Se quiser, pode ir ainda mais longe. Proponha à chefia da empresa que se institua um dia de arrumação para que todos os funcionários tenham a oportunidade de revolucionar o seu espaço de trabalho. No caso concreto das reuniões, sugira que um dia por semana se cancelem todas as reuniões que não sejam absolutamente vitais e tente encurtar a duração das que subsistirem. Aproveite o tempo poupado em reuniões para trabalhar em algo que lhe inspire alegria. Sugira a todos os trabalhadores da empresa que evitem consultar o *e-mail* uma hora por dia; isso permitirá à equipa contar com uma hora de trabalho sem interrupções constantes. Além disto, procure dinamizar uma comunidade prestável de arrumadores para aprenderem em conjunto novas técnicas e se ajudarem mutuamente a dar continuidade ao trabalho feito.

Cuide do Seu Local de Trabalho

Se for como a maior parte das pessoas, é provável que nalguma ocasião tenha passado ao lado dum papel perdido no meio do chão e seguido o seu caminho como se não fosse nada. Quando foi a última vez que encontrou um prato sujo na copa do escritório e o deixou ficar exatamente onde estava? Alguma vez entrou numa sala de reuniões e deparou com um quadro branco escrevinhado que alguém se esqueceu de limpar? Nenhum destes sinais de negligência constitui, em si, um problema grave, mas não deixam de denunciar uma certa falta de cuidado.

Com o tempo, estes pequenos descuidos podem dar azo a descuidos maiores. Num estudo, um grupo de investigadores decidiu comparar a evolução de uma sala de trabalho arrumada com outra desarrumada. Ao fim de pouco tempo, a sala desarrumada acumulava o triplo da parafernália da sala arrumada. Uma vez derrubada a barreira da tralha, torna-se muito mais fácil contribuir para a acumulação de itens de valor questionável. Isto estende-se a qualquer âmbito do contexto laboral. Por exemplo, ao convidarmos demasiadas pessoas a participar numa reunião ou enviarmos um número excessivo de *e-mails*, estamos a abrir as portas para que toda a gente siga o nosso exemplo e também contribua com a sua parafernália.

O meu pai era proprietário de um motel. Na minha infância, costumava passar alguns dias de verão a trabalhar com ele. Ao percorrermos os corredores do motel, o meu pai apanhava sempre qualquer tipo de lixo com que se cruzasse. Um dia decidi perguntar-lhe porque é que se dava a esse trabalho quando o hotel contava com tantas empregadas de limpeza. Com toda a serenidade, respondeu-me: «Cuidar deste espaço é responsabilidade de todos, das empregadas ao patrão.» Esta ideia de que todos contribuímos para esta causa foi uma lição que me ficou para a vida.

Não coloque sobre os seus ombros a pressão desmedida de ser o zelador da sua empresa. Não é. Em vez disso, pergunte a si próprio: *Que pequenos gestos posso ter para demonstrar cuidado pelo nosso local de trabalho?* Pode ser algo tão simples como lavar um prato que ficou esquecido na copa. Caso uma reunião se esteja a perder para o ruído – seja por excesso de considerações paralelas ou outras manobras de fundo –, o que poderá dizer para a fazer retomar o rumo devido? Se uma cadeia de *e-mails* ficar fora de controlo, como a poderá realinhar para o seu propósito original?

Estime os Seus Colegas de Trabalho

Através da arrumação, você tem a oportunidade de aprender a importância de cuidar de tudo o que faz parte da sua vida. Isto é ainda mais relevante no que diz respeito à relação que mantém com os seus colegas de trabalho. Demasiadas vezes, damos as relações que temos com os nossos colegas por garantidas (atitude que nos é retribuída pelos nossos colegas). O trabalho que os nossos colegas desenvolvem, a sua dedicação e a forma como contribuem para o ambiente da empresa são elementos inquestionavelmente importantes para o nosso próprio sucesso e satisfação. Contudo, é demasiado fácil esquecermo-nos que a pessoa que estamos a tentar manipular ou com quem estamos a discutir ou a disputar recursos é alguém que merece o nosso respeito e que deverá tratá-la sempre como tal – se o fizer, é provável que de futuro ela também o venha a tratar com respeito. E isso é vantajoso para ambas as partes.

Parece-lhe que tem tratado com a devida estima os seus colegas de trabalho? Numa escala de 1 a 5, em que (1) significa Nunca, (2) significa Raramente, (3) significa Às vezes, (4) significa Muitas vezes, e (5) significa Sempre, com que frequência:

_____ Agradece aos seus colegas?

_____ Reconhece a importância do contributo dos seus colegas?

_____ Honra, dá espaço ou incentiva os seus colegas a darem largas à sua verdadeira natureza?

_____ Dá aos seus colegas o benefício da dúvida?

_____ Trata os seus colegas com o devido respeito?

Faça a soma da pontuação das suas cinco respostas e, caso o total seja inferior a 20, saiba que tem margem para melhorar. Agradeça a presença dos demais, ouça, fale com franqueza e trate de ver em todas as pessoas alguém merecedor do seu respeito e reconhecimento. No que diz respeito à interação com terceiros, elementos como o poder, o estatuto, o dinheiro, a fama e a fortuna não devem ter qualquer influência na forma de tratamento. Ajude a criar um ambiente de respeito mútuo ao dar o exemplo através de uma das principais lições da arrumação: demonstre gratidão.

Não confunda gratidão com pequenas regalias oferecidas pela organização para a qual trabalha. Quando trabalhava numa *startup* em Silicon Valley, a minha empresa costumava oferecer pequeno-almoço e jantar aos seus funcionários. A princípio, achei que este gesto era um forma estupenda de agradecer aos funcionários pelo seu trabalho árduo – e confesso que estava sempre de olho na ementa para saber qual seria o meu jantar. Contudo, com o tempo vim a perceber que esta era apenas uma estratégia para prolongar a jornada laboral ao máximo. Dava por mim muitas vezes a sair tarde do trabalho, sabendo que teria um jantar à minha espera, o que interferia com as minhas noites e até com as minhas horas de sono.

Ouço muitas pessoas queixarem-se do facto de não se sentirem valorizadas. Não é que queiram jantares de graça ou ser aliciadas com artigos promocionais da empresa para a qual trabalham – querem apenas que o trabalho que fazem mereça o devido reconhecimento. A ocasional felicitação por um trabalho bem feito, um agradecimento por terem roubado tempo à família para fazer um esforço em prol da empresa. Faça a sua parte agradecendo de forma genuína o contributo dos seus colegas, quer seja patrão ou o novato da equipa.

Um inquérito recente, realizado junto de 2000 americanos, concluiu que a maioria das pessoas acha que mostrar gratidão para com um colega de trabalho as leva a sentirem-se mais felizes e realizadas.

Contudo, esse mesmo inquérito demonstrou que, num dia normal, apenas 10% dos funcionários manifestam gratidão a um colega no trabalho. Muitos gestos – grandes ou pequenos – passam despercebidos e não merecem o devido reconhecimento, apesar da alegria que sentimos ao dar ou receber uma demonstração de gratidão. Vários estudos têm vindo a concluir que as demonstrações de gratidão reforçam o empenho dos funcionários e levam-nos a ser mais solidários e disponíveis para com os nossos colegas.

Manifestar gratidão de forma genuína praticamente não ocupa tempo e exige-nos muito pouco. Numa empresa de 1500 trabalhadores dedicada à venda de *T-shirts* feitas por encomenda e outros artigos promocionais, decidiram adotar os "UAUS" para manifestarem gratidão pelas iniciativas dos seus funcionários. Qualquer pessoa pode enviar um «UAU» a um colega, seja por um pequeno gesto (um agradecimento por terem feito tudo para agradar um cliente, por exemplo) ou para assinalar um marco (a conclusão de um projeto importante, por exemplo). O que mais importa assinalar é que a atribuição destes UAUS é feita de forma precisa. A especificidade é um traço essencial destas demonstrações de gratidão, uma vez que espelha a honestidade do agradecimento e constitui prova de que alguém reparou verdadeiramente na iniciativa do funcionário que recebeu o UAU.

Se a organização para a qual trabalha não adotar uma maneira formal de demonstrar gratidão, trate você próprio de o fazer. No mundo do trabalho há muitos contributos maravilhosos que são fáceis de esquecer na lufa-lufa quotidiana. Pare e olhe à sua volta. O que é que vê?

Qual foi a última vez que agradeceu genuinamente a um colega por algo que este tenha feito? Depois de uma reunião, agradeça a todos a sua comparência e trate de ser específico na forma como valoriza o contributo de cada um dos participantes. Dê crédito de forma pública a quem contribua para um determinado projeto. Elogie alguém.

Fale aos seus colegas sobre o seu percurso no mundo da arrumação e dê mais alegria ao seu escritório. Ensine as suas técnicas a quem se mostrar interessado em aprender. Mostre de que forma a arrumação transformou o seu trabalho e a sua vida – e em breve outros lhe seguirão o exemplo com vista a transformar as suas vidas também.

Na parte final deste livro, Marie partilhará consigo algumas recomendações para inspirar ainda mais alegria no trabalho e dará a conhecer pequenas mudanças que adotou que tiveram um tremendo impacto na sua vida profissional.

11
Como Inspirar Ainda Mais Alegria no Trabalho

Ao longo deste livro abordámos um conjunto abrangente de temáticas, entre as quais a arrumação do escritório, de arquivos digitais, do tempo, de processos de decisão, de redes de trabalho, de reuniões e equipas. Neste último capítulo, irei partilhar consigo algumas ideias que tenho em mente e certas práticas que abracei para fazer com que o meu trabalho me inspirasse ainda mais alegria, assim como lições que fui aprendendo doutras pessoas e que pretendo implementar.

Cuidar das coisas Que Decidimos Guardar Melhora o Nosso Desempenho no Trabalho

Quando trabalhava na agência de recursos humanos, a primeira coisa que fazia assim que chegava ao escritório era limpar o meu espaço de trabalho. Pousava a mala, retirava o meu pano do pó favorito da gaveta e limpava o tampo da secretária. De seguida, retirava de outra gaveta o computador portátil, teclado e rato e limpava-os e, enquanto o fazia, repetia para mim como se de uma lenga-lenga se tratasse: *Que hoje seja outro dia estupendo de trabalho!* Limpava ainda o telefone e aproveita para agradecer-lhe as fantásticas oportunidades que me proporcionava.

As segundas-feiras eram dias de limpeza a fundo. Arregaçava as mangas, punha-me de gatas e limpava o pó das pernas da cadeira. Rastejava para baixo da secretária e limpava o pó dos cabos. Posto por escrito, pode parecer uma tarefa muito trabalhosa, mas no seu conjunto tudo isto não demorava mais do que um minuto. Era, contudo, suficiente para deixar a minha área de trabalho com um aspeto tão limpo e organizado que parecia um mundo à parte. O ar parecia mais ligeiro e tornava-se muito mais fácil dedicar-me ao trabalho. Com as mãos ocupadas a esfregar, tinha a oportunidade de esvaziar a mente e de fazer desta rotina de limpeza um pequeno momento de meditação, um ritual que me permitia concentrar-me no trabalho que tinha por diante.

Conforme ia dando continuidade a estes pequenos gestos diários, o meu desempenho no trabalho melhorava, o que se traduzia em mais negócios fechados e um maior volume de vendas. Talvez isto lhe pareça bom de mais para ser verdade, mas o número de vezes que fui elogiada por ter melhorado o meu desempenho nas reuniões trimestrais aumentou inequivocamente. E isto não me aconteceu apenas a mim. Testemunhei inúmeros casos que comprovam que cuidar dos nossos pertences faz com que o trabalho corra melhor. Muitos dos meus clientes disseram que, ao adotarem a prática de limpar o seu espaço de trabalho ao início do dia, as suas propostas começaram a ter maior aceitação e os seus volumes de vendas cresceram.

Durante algum tempo, refleti sobre os possíveis motivos que pudessem justificar este fenómeno e cheguei a várias conclusões. Para começar, se temos a intenção de limpar a secretária no início do dia de trabalho, isso implica que a secretária esteja desimpedida e arrumada de antemão. Trabalhar numa secretária arrumada significa que não precisamos de andar à procura de um determinado documento ou de pensar onde o devemos guardar quando já não precisamos dele. Isto contribui para melhorar o nosso rendimento. Além disso, trabalhar num ambiente arrumado é agradável, o que nos leva a adotar uma perspetiva mais otimista e assim conseguir que as ideias e a inspiração fluam. Mas, acima de tudo, creio que quando cuidamos dos objetos que tornam o nosso trabalho possível, transmitimos uma energia diferente. A nossa atitude e o nosso comportamento para com clientes e colegas muda e isto conduz de forma natural a melhores resultados no nosso trabalho.

Quando cuidamos das coisas que decidimos guardar, elas retribuem-nos o favor com energia positiva. Muitos anos de experiência convenceram-me de que qualquer lugar em que os objetos são tratados com respeito e gratidão, quer se trate de um lar ou de um escritório, se torna uma fonte de energia tranquilizadora e revigorante.

Para transformar um espaço de trabalho numa fonte de energia capaz de produzir energia positiva de forma constante, devemos assegurar-nos da sua limpeza. Quanto a mim, gosto de usar o meu pano do pó favorito ou toalhitas com aroma porque me ajudam a fazer da limpeza uma tarefa agradável. Enquanto limpa, lembre-se de mostrar gratidão pelos objetos que usa regularmente, agradecendo a cada um deles por o ajudar a desempenhar as suas funções à medida que os for restituindo ao seu devido lugar.

O ideal seria manter esse espírito de gratidão ao longo do dia, começando logo de manhãzinha por agradecer a todos os artigos que contribuem para que o seu trabalho decorra sem sobressaltos. Contudo, se esta disposição não lhe surgir de maneira natural, não há qualquer inconveniente em expressar a gratidão apenas quando lhe ocorrer. Uma das minhas clientes teve uma ideia estupenda. Escreveu «Obrigado por tudo!» numa fita adesiva bonita e colou-a na margem do monitor do seu computador para se lembrar de mostrar gratidão para com todas as ferramentas que a ajudam a desempenhar as suas funções no trabalho.

Acredite em mim, o efeito exercido por estas manifestações de apreço por artigos que nos são essenciais é ilimitado. Porque não fazer do seu espaço de trabalho uma constante fonte de energia?

Inspirar Mais Alegria no Seu Local de Trabalho

«Não penses nisto como arrumação, pensa antes nisto como *design* de interiores», disse a mãe de uma amiga que se mostrava algo relutante em abraçar estes princípios de arrumação. Que maneira maravilhosa de os descrever! Quando dizemos a nós próprios que *temos* de fazer algo, fazemos com que isso se torne uma tarefa. Mas se virmos na arrumação um empreendimento criativo capaz de inspirar alegria no nosso local de trabalho, entregamo-nos felizes à causa.

Assim, quando decidir arrumar o seu espaço de trabalho, não pense nisso como uma «arrumação». Diga a si próprio que está a desenvolver um espaço de felicidade no qual poderá trabalhar. Afinal de contas, há mesmo um lado decorativo neste empreendimento, especialmente depois de ter ordenado o espaço de trabalho e começado a escolher as suas cores e os seus tons favoritos. Ao arrumar, tenha sempre em mente a vida profissional que idealizou e pense no que pode fazer para que o seu espaço de trabalho lhe encha o coração de alegria.

Vejamos o exemplo das canetas. Muitas vezes, só quando começam a arrumar é que os meus clientes se apercebem que apenas escrevem com canetas que lhes foram oferecidas como brindes. Esta é a altura certa de começar a escolher canetas que lhe inspiram alegria. E o mesmo pode ser dito de muitos outros artigos. Ao escolher itens de que precisa para desenvolver diariamente o seu trabalho, tal como um porta-lápis, uma tesoura, uma fita adesiva, escolha artigos de que realmente gosta. Apesar de ser tentadora a ideia de substituir tudo de uma assentada por artigos mais atrativos, a melhor estratégia para o fazer é usar de certa paciência e deixar o tempo exercer a sua influência. Isto é, em vez de ir a correr comprar um conjunto de artigos que são meramente satisfatórios, recomendo-lhe que procure bem até encontrar objetos que lhe inspirem alegria só de os ver ou tocar.

Paralelamente, não deixe de escolher alguns artigos que lhe inspirem alegria mesmo que não precise deles para executar o seu trabalho. Costumo chamar a esta prática de «alegria acrescida». Pode acrescentar ao seu espaço de trabalho qualquer artigo que o encha de motivação, tal como uma fotografia, um postal ou uma planta de que goste particularmente. Quanto a mim, tenho sempre um cristal sobre a secretária. Além de reluzir, acrescentando beleza ao espaço de trabalho, tenho a sensação de que ajuda a aligeirar o ambiente, abrindo caminho à inspiração.

O exemplo mais invulgar de «alegria acrescida» que alguma vez encontrei na minha carreira de consultora foi um conjunto de higiene oral. Pertencia ao presidente de uma companhia, um homem que gostava de ter a sua escova de dentes bem visível na sua secretária. Ao longo da minha carreira como consultora doméstica tive oportunidade de ver um pouco de tudo, mas esta opção pareceu-me muito pouco ortodoxa, pelo que não resisti a perguntar o motivo. «Mesmo que esteja sentado à secretária, ninguém se atreve a vir falar comigo se me vir a escovar os dentes», explicou-me. «É muito conveniente quando me quero concentrar porque garanto que ninguém se atreverá a interromper-me.» Saber que tinha a escova de dentes na secretária inspirava-lhe alegria e uma certa sensação de segurança.

Como é evidente, este exemplo foge à regra. Tratava-se de uma pequena empresa com apenas dois empregados e a casa de banho ficava precisamente atrás da secretária do seu presidente. O que pretendo transmitir com este exemplo é que poderá decorar a sua secretária com qualquer objeto que lhe inspire alegria, independentemente do que se tratar.

Por falar em decoração de secretárias, desde que comecei a trabalhar nos Estados Unidos, tenho vindo a reparar que os americanos estão mais habituados a ter detalhes de «alegria acrescida» nos seus espaços de trabalho do que os japoneses. Os trabalhadores japoneses são mais relutantes no que diz respeito a exibir artigos pessoais num contexto profissional, ao passo que é relativamente comum os americanos guardarem fotografias do seu casamento ou plantas nas suas secretárias. Cheguei a ver modelos de aviões e enormes balões de hélio espalhados por vários escritórios. Ainda que a princípio isto me tenha surpreendido, fez-me perceber a importância de dotar o nosso espaço de trabalho de uma certa jovialidade.

De todos os escritórios que tive a oportunidade de visitar na América, o da Airbnb em São Francisco foi o que mais se destacou pela sua jovialidade. O próprio escritório é um incentivo à criatividade e é propício à troca espontânea de opiniões. Há muitas salas disponíveis para os funcionários trabalharem a sós ou para organizar pequenas reuniões. O *design* dos interiores de cada divisão é inspirado num lugar diferente do mundo, tal como Paris, Sidney ou Londres. Fiquei muito impressionada com a autenticidade e a atenção ao detalhe que encontrei na divisão de inspiração nipónica. Reproduzia de maneira fiel o ambiente dos *izakaya*, bares gastronómicos dos anos 50, com as habituais lanternas de papel vermelhas, cortinas *noren* e quinquilharia de época. Como é óbvio, essa jovialidade não se restringia às divisões e estendia-se ao edifício como um todo, projetado para inspirar alegria. Contudo, é importante que saiba que, mesmo que a sede da sua empresa não seja comparável a esta, continua a haver pequenas coisas que pode fazer para inspirar alegria na sua área pessoal de trabalho. Abaixo encontrará algumas sugestões.

- Defina uma cor padrão com a qual combinar os diferentes artigos da sua secretária.
- Inspire-se na sua história ou no seu filme favorito como tema de fundo para decorar o seu espaço de trabalho.
- Escolha algumas fotos *online* para decorar a sua secretária.
- Escolha uma pequena planta envasada e coloque-a na sua secretária.
- Emoldure e disponha uma fotografia evocadora de memórias felizes.
- Decore a secretária com algo reluzente, como um cristal ou um pisa-papéis de vidro.
- Guarde um aromatizador na sua secretária para conferir ao seu espaço de trabalho uma fragrância especial.
- Coloque uma vela na sua secretária como elemento decorativo.
- Escolha a sua base predileta para ter onde pousar as suas bebidas.
- Mude o fundo de ecrã do seu computador de secretária de acordo com as estações do ano.

E você? Que ideias lhe ocorrem para inspirar alegria no local de trabalho? Dê asas à imaginação e decore-o com muitos detalhes de «alegria acrescida».

Deve Mudar de Emprego Se o Seu não Lhe Inspirar Alegria?

Arrumar contribui de forma natural para afinarmos a nossa capacidade de discernir o que nos inspira alegria e o que não e, com o tempo, aprendermos a usar essa sensibilidade nos mais diversos âmbitos da vida. Conheço muitas pessoas que decidiram mudar de emprego ou que se demitiram para lançar o seu próprio negócio após arrumarem o seu local de trabalho.

Ao ouvirem isto, as pessoas costumam dizer-me: «O meu emprego não me inspira alegria. Acha que me devo demitir de imediato e ir à procura de outro trabalho?» Yu, que trabalhava numa empresa do setor alimentar, foi uma das clientes que me colocou essa questão. Depois de ter arrumado a sua casa e o seu local de trabalho, ela chegou à conclusão de que o que lhe inspirava verdadeiramente alegria era o fabrico de acessórios.

«Eu recebo bem nesta empresa», disse-me, «mas todos os dias chego a casa exausta. Não é fácil. Fico a pensar se seria melhor assumir o risco de lançar um negócio de *design* de acessórios de moda ou se devo simplesmente procurar trabalho numa empresa do ramo da moda.»

Quando os meus clientes me fazem perguntas deste tipo, costumo incentivá-los a escolher o caminho que mais lhes inspire alegria. Yu, contudo, parecia ter sentimentos contraditórios a esse respeito. «O *design* de acessórios de moda não dá para ganhar a vida», desabafou. «E até hoje ainda não encontrei nenhuma empresa do ramo que me alicie.»

A seguir sugeri-lhe que fizesse aquilo a que chamo de análise de alegria. Incentivei-a a estudar as diferentes facetas da sua profissão e a determinar quais lhe inspiravam alegria e quais não o faziam. Pedi-lhe ainda que identificasse sobre quais dessas facetas ela podia exercer alguma influência.

Meses mais tarde, quando nos voltámos a encontrar, fiquei surpreendida com a sua nova aparência. Parecia muito mais feliz e serena. Contou-me que, depois de avaliar bem o seu emprego, tinha decidido ficar onde estava. «Ao refletir sobre os aspetos que não me inspiravam alegria», explicou-me, «descobri que em grande medida estavam relacionados com o facto de me ter de deslocar para o local de trabalho em hora de ponta, o que me deixava exausta. Para contornar esse problema, comecei a ir para o trabalho uma hora mais cedo. Isso reduziu de forma acentuada a minha fadiga no período matinal, o que por sua vez me permitiu ter um desempenho muito melhor.

«Outro fator de peso era o facto de ter um cliente do qual não gostava. Enchi-me de coragem e falei com o meu patrão, que delegou essa conta a outra pessoa. Ao mudar o que podia ser mudado, consegui eliminar muitos dos aspetos negativos que me impediam de desfrutar do trabalho que fazia. Hoje em dia, posso dizer sem hesitação que gosto muito do que faço. É evidente que nem tudo no trabalho me inspira alegria, mas percebi que, para mim, o melhor equilíbrio entre a vida pessoal e profissional é aquele que me permite auferir um salário razoável e, ao mesmo tempo, dedicar o meu tempo livre à minha paixão pelo *design* de acessórios de moda.»

Caso, tal como Yu, esteja a pensar mudar de emprego, recomendo-lhe que comece por fazer uma análise profunda à sua situação atual. Quando atravessamos períodos difíceis no trabalho, seja por termos problemas com certos colegas ou clientes ou por não conseguirmos lidar com as responsabilidades que nos são imputadas, é habitual que esses problemas tenham origem numa combinação de fatores. Há que examinar a situação atentamente e tratar de cada um desses fatores. Neste momento, o que é que lhe inspira alegria no seu trabalho? E o que é que não lhe inspira? O que é que pode ser retificado? E o que é que não pode? Faça uma análise objetiva da sua situação e postura e determine o que precisa de ser feito para ter uma vida profissional feliz. Talvez ainda haja algo a fazer para melhorar a sua situação.

Quer decida ficar no seu emprego atual, procurar um novo desafio noutra empresa ou simplesmente demitir-se e lançar o seu próprio negócio, examinar e aceitar as suas circunstâncias atuais é uma excelente forma de se preparar para o seu próximo passo. Isso foi algo que aprendi por experiência própria no mundo da arrumação. Qualquer passo dado implica sempre abrir mão de algo e uma despedida, daí a importância de nos prepararmos mentalmente de antemão. Talvez seja do stresse inerente a este tipo de situações, mas, paradoxalmente, quando tratamos as coisas que não nos inspiram alegria com desdém, quando nos desfazemos delas convencidos de que não as queremos, que não precisamos delas, e as maltratamos como mera tralha inútil, o mais provável é acabarmos a comprar algo muito parecido ao que deitámos fora e a reviver o mesmo problema.

Como tal, sempre que decidir que se quer desfazer de um determinado item, pense no que de bom esse item lhe trouxe e despeça-se dele com gratidão pela relação que manteve consigo. A energia positiva que dedicar a esse item fomentará novos encontros felizes. O mesmo princípio pode ser aplicado a uma mudança de emprego. Pense no seu atual emprego de maneira positiva, com gratidão, reconhecendo que, apesar de poder ter sido uma experiência difícil, lhe deu a conhecer a importância de manter um certo distanciamento nas relações sociais, ou que foi graças a esta experiência que pôde encontrar o estilo de trabalho mais adequado para si. Adotar esta atitude ajudará a levá-lo na direção do emprego que idealizou na próxima fase da sua vida.

Desfrute do Processo de Criar Uma Vida Profissional Feliz

De todas as pessoas que conheci até hoje, a que mais parece apreciar o seu ofício é Souun Takeda, célebre calígrafo e artista japonês, cujo trabalho abrilhanta a capa deste livro. Antes de o conhecer, a imagem que tinha de um calígrafo era a de uma pessoa imperturbável que fazia dançar um pincel com grande solenidade e sempre de sobrancelha convictamente franzida. Souun era precisamente o oposto do que esperava. Uma pessoa que ama o que faz.

«Nunca sofro de dores de parto quando quero dar à luz um novo trabalho», diz. «É tão natural como arrotar. Não consigo explicar melhor, mas parece que as criações não param de sair.» Que maneira de estar tão singular e despretensiosa. Com 42 anos, ele é um artista prolífico e muito requisitado, mas o seu sucesso não surgiu por geração espontânea. Começou a aprender caligrafia aos três anos com a sua mãe, que era calígrafa profissional. Concluída a licenciatura, o seu primeiro emprego foi no departamento comercial de uma empresa informática de referência. Quando se decidiu demitir e dar início a uma carreira de calígrafo independente, não foi fácil angariar clientes. Portanto, e ainda que hoje em dia o seu trabalho lhe inspire uma imensa alegria, a verdade é que para chegar onde chegou foi preciso muito tempo e dedicação.

O mesmo pode ser dito de mim. Para mim, o interesse pela arrumação é tão natural como respirar. Acho as arrumações tremendamente divertidas. Contudo, nem tudo foram rosas até chegar onde cheguei. A minha paixão pela arrumação manifestou-se pela primeira vez quando eu tinha cinco anos, mas foram precisos muitos anos de tentativa e erro para desenvolver o meu método e chegar a este ponto. Hoje em dia, tenho a oportunidade de partilhar o método que desenvolvi com pessoas de todo o mundo através de palestras, livros, programas de televisão e outros meios. Esta parte do meu trabalho nem sempre é divertida e continua a ser desafiante para mim. Mas quando paro para pensar nisso, rapidamente me apercebo de que comecei a divulgar o meu método a esta escala há menos de dez anos, pelo que faz sentido que ainda não seja tão expedita nesta função como a arrumar. Devo, contudo, reconhecer que tenho vindo a aprender e a evoluir com o tempo.

Pouco depois de me demitir da agência de recursos humanos e de me lançar numa nova carreira como trabalhadora independente, por exemplo, organizei o meu primeiro seminário, em que contei com apenas quatro pessoas inscritas. Duas dessas pessoas cancelaram a sua presença à última hora. Naquele auditório espaçoso e praticamente vazio, senti muitas dificuldades em transmitir as minhas ideias, dolorosamente consciente da minha inexperiência. Senti-me tão infeliz e com tanta pena dos pobres participantes que só me apetecia fugir a sete pés e esconder-me num buraco.

Esta experiência serviu para que eu percebesse que me faltavam competências de *marketing*. Comecei a ler tantos livros quanto pude sobre relações públicas e gestão, participei em seminários para empresários e alimentei um blogue de forma regular para ter alguma visibilidade. Em vez de tentar atrair a atenção de muita gente, optei por começar com pequenos seminários em centros cívicos para grupos de, no máximo, dez pessoas. Estes cursos eram dados em pequenas divisões, ornamentadas com tatâmis, em que todos nos sentávamos no chão ao estilo japonês.

Mais tarde, comecei a ter *stands* em eventos dedicados ao bem-estar. Para garantir que me destacava, vestia sempre um quimono de algodão chamado *yukata* e prendia à banda um leque vistoso em que se podiam ler as seguintes palavras estampadas: «Deixe-me resolver todos os seus problemas de arrumação!» Fazia sempre questão de percorrer os recintos dos eventos com esta indumentária para publicitar os meus serviços.

Foi com este tipo de estratégias que acabei por conseguir chegar ao ponto de organizar dois seminários mensais com grupos de trinta pessoas que estavam sempre lotados. O número de clientes individuais também começou a crescer de forma gradual. Mais tarde, numa altura em que a minha lista de clientes já obrigava a uma espera de seis meses, as pessoas começaram a pedir-me que escrevesse um livro sobre o meu método de arrumação. Foi essa sugestão que me levou a publicar o meu primeiro livro.

Como é evidente, mesmo após a publicação desse primeiro livro, e ainda hoje em dia quando discurso diante de audiências de milhares de pessoas, continuo a deparar com novas dificuldades. Porém, a cada ano que passa, vou percebendo de maneira mais clara que quanto mais experiência acumulo, maior a alegria que sinto no trabalho que faço.

A experiência acumulada, aliás, é o suporte de qualquer trabalho. É com trabalho que crescemos, nada é pura diversão desde o início. Qualquer coisa que o deixe mais próximo de um futuro que lhe inspire alegria deve ser encarada como uma dor de crescimento, mesmo que seja algo que não lhe esteja a correr bem ou que não lhe pareça fazer qualquer sentido no momento em que ocorre. Não se sinta fracassado apenas porque a sua vida profissional não lhe inspira constantemente alegria. Em vez disso, procure reconhecer o potencial de cada momento para o deixar mais próximo do que idealizou, desfrute do processo e celebre o facto de continuar a aprender. Acredite que está a criar uma vida profissional feliz agora mesmo através do processo diário de acumulação de experiência.

Quando o Receio das Opiniões Alheias É Uma Força de Bloqueio

Arrumar pode ajudá-lo a ter uma ideia clara do caminho que mais alegria lhe inspira. Permite-lhe perceber o que mais acarinha, o que sempre quis fazer e que desafios está disposto a assumir. Mas chegada a altura de se fazer ao caminho, é provável que o seu entusiasmo se revista de alguma apreensão. Muitos são os que descobrem o que querem fazer, mas que se deixam bloquear pela opinião de terceiros.

Sei disto por experiência própria. O propósito da minha vida é contribuir, através da arrumação, para aumentar o número de pessoas que tem uma vida feliz. É por isso que escrevo livros, dou palestras e aceito convites para aparecer na comunicação social. Há poucos anos, ao reavaliar o propósito da minha vida, senti que estava na altura de começar a partilhar as minhas ideias nas redes sociais para conseguir chegar a mais pessoas. Ficava aterrorizada só de pensar no assunto. Preocupava-me que, dando a conhecer os meus pensamentos e estilo de vida em plataformas tão abertas, me pudesse tornar alvo de críticas negativas ou de mensagens de ódio. Durante muito tempo, não me consegui sequer convencer a criar uma conta em qualquer rede social.

Por fim, decidi pedir ajuda a Jinnosuke Kokoroya, célebre psicoterapeuta japonês que é meu amigo de longa data. As nossas famílias gostam de passar tempo juntas. «Gostava muito de começar a usar as redes sociais para difundir a minha mensagem», disse-lhe. «Mas não o consigo fazer. Tenho medo que as pessoas me odeiem e me comecem a atacar.»

Jinnosuke sorriu e respondeu: «Não te preocupes, Marie. De certeza que já há muita gente que te odeia.» Isto, a propósito, é o que ele diz a todos os seus clientes que têm medo de ser odiados. Esta é a sua abordagem habitual.

Claro que ele tem razão, pensei. Timidamente, decidi fazer algumas pesquisas pelo meu nome *online*. Entre os resultados devolvidos pelo motor de busca, logo a seguir ao meu *site* oficial e ao meu blogue, surgia um artigo com o título «Porque é Que Odiamos Marie Kondo». A princípio fiquei atónita, mas, graças a esta revelação, a minha perspetiva deu uma volta de 180°. O medo de me confrontar com as opiniões alheias impedira-me de estar nas redes sociais, mas de súbito percebi que não fazia qualquer sentido preocupar-me com isso. Com ou sem redes sociais, a verdade é que eu já era alvo de críticas.

Parei e perguntei a mim própria, *Será que ignorar o caminho que me chama por medo de ser criticada me inspira alegria?* A resposta foi um categórico *Não!* A voz que vinha de dentro disse: *Eu quero ser capaz de partilhar alegria através do Método KonMari com tantas pessoas quanto possível*. Decidi imediatamente criar a conta @mariekondo no Instagram e noutras redes sociais. No fim de contas, não houve tantas críticas quanto antecipara e o número de pessoas que apoiou a minha decisão de marcar presença nas redes sociais foi crescendo. A informação e as notícias positivas que ia partilhando começaram a surgir no topo dos resultados de pesquisas *online*. Apesar de, a princípio, tudo isto ter sido uma fonte de preocupação, hoje em dia sinto-me feliz por ter tido a coragem de dar o primeiro passo.

Há tantas pessoas, perspetivas e sistemas de valores diferentes no mundo que não podemos esperar que toda a gente goste de nós ou nos compreenda. É natural que algumas pessoas prefiram criticar. Independentemente do que fizermos ou da decência do nosso comportamento, há sempre alguém que nos interpreta mal. Que tremendo desperdício seria optarmos por um estilo de vida que não nos inspira alegria apenas por receio de sermos alvo de críticas.

A vida só nos dá uma oportunidade. Que oportunidade vai escolher? Viver com constante receio do que outros possam pensar de si? Ou ir aonde o seu coração o levar?

Esqueçamos o Passado para Aproveitarmos o Futuro

Muitas vezes enchemos a cabeça com alguns dos nossos maiores receios, ansiedades, fracassos passados e críticas que nos foram dirigidas. Apesar de a maioria de nós ter mais experiências positivas do que negativas ao longo da vida, é das más experiências que nos lembramos – o que faz com que tenham um impacto desproporcionado na nossa saúde mental. Quando somos autocríticos, tornamo-nos menos confiantes. Centrarmos a nossa atenção em fracassos, reais ou imaginários, leva a que fracassemos no futuro por estarmos demasiado distraídos a pensar nas nossas «imperfeições». Essa postura torna muito mais difícil alcançar o que idealizamos para a nossa vida profissional, ou qualquer outro objetivo, por nos deixar tão preocupados com erros passados e com a possibilidade de cometer erros futuros. Pare de desperdiçar recursos mentais a refletir sobre o passado, a comparar o que você faz com o que outros fazem, ou a pensar num erro que cometeu na semana passada. Para se desfazer de um pensamento negativo, escreva-o numa folha de papel. Honre essa mensagem pensando sobre o que escreveu e retire uma ilação importante dessa experiência. Pergunte a si próprio de que forma essa reflexão pode contribuir para o seu crescimento pessoal, que oportunidades de aprendizagem configura. De seguida, desfaça-se dessa folha de papel (rasgue-a, queime-a ou enterre-a) e o pensamento sumirá com ela. Há algo a aprender com esse pensamento negativo – retenha essa lição, mas desfaça-se da autocrítica.

S. S.

Arranje Tempo para Fazer Reflexões Pessoais Honestas

De todas as pessoas que conheço, o meu marido, Takumi Kawahara, é a primeira que me ocorre sempre que penso em alguém com a vida profissional bem arrumada. Sucede que ele também é cofundador e diretor-geral da empresa KonMari Media, Inc., assim como meu produtor.

Quando digo que tem a sua vida profissional «bem arrumada», quero dizer que ele tem sempre uma ideia clara sobre o que é preciso fazer, executa as suas tarefas com diligência e trabalha com alegria e sem tensões acumuladas. Em contrapartida, uma pessoa que tenha uma vida profissional desarrumada está sempre afogada em tarefas pendentes e vive o trabalho num permanente estado de tensão.

Takumi gosta de reservar períodos de tempo para se dedicar a tarefas administrativas. Concentra-se nelas e só consegue parar quando tem tudo resolvido. Também costuma atacar de imediato qualquer tarefa que lhe seja solicitada para que possa fazer a sua parte e garantir que a responsabilidade fica do outro lado. Vai ao ginásio duas vezes por semana para estar em forma. Gosta de estar em cima do acontecimento no que diz respeito a livros e filmes, brinca com as nossas filhas, trata da casa e ainda consegue arranjar tempo para relaxar. Eu sou o oposto. Sempre que escrevo um livro, dou por mim exausta e dominada pela ansiedade dos prazos a cumprir.

Como é que ele consegue fazer o seu trabalho conveniente e atempadamente e, ainda assim, ter tempo para andar por casa como um ursinho de peluche fofinho e gigante de olhos postos no seu telemóvel? O seu estilo profissional é um exemplo tão invejável de «alegria no trabalho» que decidi perguntar-lhe o seu segredo. A sua resposta foi simplesmente esta: «Procuro ter sempre tempo para fazer uma introspeção honesta.»

A cada duas semanas, ele reserva cerca de uma hora para refletir sobre o que o leva a trabalhar e o que espera vir a conseguir através do seu trabalho e para reavaliar o que idealizou para a sua vida profissional. Com base nisso, define prioridades entre as tarefas que tem em mãos e, pela manhã, antes de começar a trabalhar, passa dez minutos a decidir a quais dessas tarefas se irá dedicar ao longo do dia (tenho a certeza de que não serei a única a ficar estupefacta com a frequência e tempo que dedica a esta prática!).

Mas este exercício de planificação é apenas parte do que sustenta a sua vida profissional. Ele diz que também é vital refletir sobre as suas ações para que possam ser revistas e melhoradas. Todos os dias, aplica a regra dos 80/20 – a ideia de que 80% dos resultados no mundo dos negócios são obtidos com 20% das nossas iniciativas. Avalia as suas tarefas e elimina as que são desnecessárias ou improdutivas, concentrando-se apenas nas que lhe oferecem resultados. Por exemplo, se ele acha que estamos a marcar demasiadas reuniões sobre a vida profissional que idealizámos, ele reduz o número de reuniões de quatro para duas por mês ou a sua duração de sessenta para cinquenta minutos, para que possa dedicar mais tempo e energia ao lado mais produtivo do seu trabalho.

Ele não define prioridades apenas no que diz respeito a tarefas de trabalho, mas também às pessoas com quem convive. A sua principal prioridade é garantir que tem tempo para a introspeção. Segue-se o tempo passado em família, comigo e com as nossas filhas, e o tempo dedicado aos nossos funcionários, parceiros de negócios e clientes. Ele diz que manter uma boa relação com as pessoas que lhe são mais próximas resulta numa atitude mais positiva, numa comunicação mais fluida (o que reduz as falhas de comunicação) e numa maior produtividade. Ao fim e ao cabo, tudo isto contribui para que proporcionemos um melhor serviço aos nossos clientes.

Fiquei surpreendida quando fiquei a saber que ele adotou esta estratégia quando trabalhava noutra empresa, muito antes de se tornar diretor-geral na nossa companhia. Tenho a certeza de que ele tem sido capaz de inspirar alegria no trabalho porque se habituou a reservar tempo para a introspeção, para avaliar a sua situação atual e para proceder às melhorias necessárias.

Maneiras de Pôr o Trabalho em Ordem Enquanto Casal

Inspirada por Takumi e pelo tipo de pessoa que é, passei a dedicar algum tempo a refletir com ele sempre que sinto que as tarefas se começam a acumular e a carga de trabalho a fugir ao meu controlo, ou simplesmente quando sinto a minha produtividade decair. Enquanto casal, pomos ordem na nossa vida profissional seguindo três passos:

Primeiro passo: Compreender a realidade
Pegamos num bloco de desenho, colocamo-lo na horizontal, e traçamos uma linha no cabeçalho da página. Dividimos essa linha em doze secções iguais com os meses do ano e escrevemos tudo o que esteja previsto para o ano corrente. Por exemplo: «Março: Palestra em Nova Iorque»; «Maio: Rodagem de programa televisivo»; «Agosto: Lançamento de livro». Nos espaços que ficam em branco, apontamos ideias de projetos que gostaríamos de realizar mas que ainda não têm data definida. Isto permite-nos ter uma ideia clara dos projetos atuais e futuros em determinado momento.

Segundo passo: Definir prioridades e calendarizar projetos
O passo seguinte consiste em determinar a ordem de importância de cada projeto. Para o fazer, colocamos algumas questões a nós próprios: *Este projeto inspira alegria? Abre caminho a alegrias futuras? É algo que precise de ser feito independentemente de inspirar alegria?* Ao procurarmos perceber se algo nos poderá conduzir a alegrias futuras, temos em conta se nos ajuda a realizar o nosso objetivo e a consolidar a filosofia da empresa, que no caso em apreciação é «organizar o mundo».

Uma vez definidas as prioridades no que aos projetos diz respeito, contabilizamos o tempo que teremos de dedicar a cada um deles e acrescentamos essa informação ao calendário traçado no bloco de desenho. É nossa política dedicar a maior fatia da nossa energia a projetos que inspirem alegria e que nos conduzam a alegrias futuras e investir apenas o tempo estritamente necessário no trabalho que precisa de ser feito de qualquer forma.

Com todos os projetos anotados no bloco de desenhos, fazemos uma revisão geral. Se nos parecer que a publicação de um livro está a exigir demasiado tempo ou que precisamos de trabalhar a perceção da nossa marca, adequamos o tempo investido em cada projeto em conformidade.

Terceiro passo: Subdividir projetos em tarefas

Os dois passos anteriores permitem-nos ter uma perspetiva geral, incluindo a ordem de importância de cada projeto e o tempo que cada um exige. O terceiro passo consiste em dividir cada projeto em tarefas concretas e apontá-las no nosso calendário Google ou na agenda. Uma vez terminado este processo, fazemos uma última vistoria à nossa agenda. Se decidirmos que uma das tarefas apontadas é de baixa prioridade, procedemos às alterações necessárias eliminando essa tarefa ou remarcando-a para outra altura. Desta forma, conseguimos criar uma agenda que apenas inclui as tarefas que são mais significativas e gratificantes.

Esta estratégia básica de arrumação da nossa vida profissional pode ser aplicada a um período de três anos em lugar de apenas um ano, assim como pode ser usada para escrutinar um projeto em concreto com mais detalhe. Assim que comecei a organizar o meu trabalho desta forma, apercebi-me da importância das tarefas quotidianas. Isto fez com que me sentisse mais motivada e ajudou-me a aumentar a minha capacidade de concentração. Através do processo de arrumação do trabalho que adotei com Takumi, vim a reparar que os meus índices de felicidade e de motivação disparam sempre que uma nova tarefa se aproxima, por muito simples que seja, por via do reconhecimento da sua importância.

O Seu Trabalho e a Sua Vida São Consequência das Suas Escolhas

Pouco depois de ter chegado ao palco internacional, fiquei com a agenda tão preenchida que mal tinha tempo para pensar. Além de tudo o resto, o meu marido também é meu produtor e eu sentia que me estava constantemente a queixar. Num dia bom, era capaz de resmungar: «A minha agenda está tão sobrecarregada que nem tenho tempo para descansar! Como é que posso trabalhar bem se não descansar?» Mas num dia mau, com o nível de stresse no máximo, dizia coisas que ainda hoje sinto vergonha de escrever. «Os funcionários e os clientes parecem perfeitamente felizes, só eu é que não tenho essa sorte!», dizia. «E cá ando eu a falar às pessoas da importância da alegria, mas para mim não há alegria que me valha.»

Sempre que ficava assim, Takumi dizia-me: «Marie, se não sentes vontade de continuar a fazer isto, podes parar assim que quiseres. Se queres que eu cancele a palestra, eu próprio tratarei de contactar o organizador e de lhe pedir desculpa pelo sucedido. E se não gostas de trabalhar num ambiente empresarial, podemos sempre fechar o negócio.» O tom com que me dizia isto era sereno e absolutamente neutro, sem a menor sugestão de sarcasmo ou deceção, e ele nunca tentou condicionar a minha decisão.

As suas palavras ajudaram sempre a devolver-me o juízo. A palestra em causa era algo que tinha aceitado com o maior entusiasmo, vendo nela uma excelente oportunidade. Lançar uma empresa nos Estados Unidos da América foi uma escolha pessoal; algo que eu queria fazer. Tudo isto foram passos que dei num caminho escolhido por mim porque queria promover o Método KonMari e partilhar a alegria que este método pode inspirar na vida de qualquer pessoa.

Nas aulas de arrumação, quando as minhas clientes não se conseguem desfazer de um certo artigo, digo-lhes sempre para o guardarem com toda a confiança. Se for uma carteira que não inspira qualquer alegria, mas que foi tão cara que não se conseguem desfazer dela, incentivo as minhas clientes a guardá-la bem à vista, ao lado das malas que lhes inspiram alegria, em vez de a esconderem no fundo de um armário. Em vez de a bombardearem com pensamentos negativos sempre que a veem, recomendo-lhes que dirijam à mala um ocasional olhar bondoso e que agradeçam a sua presença.

Quando optamos por ficar com algo de acordo com esta atitude, essa escolha conduzirá de forma natural a um de dois cenários possíveis: ou se conclui que o artigo cumpriu a função que tinha a cumprir e que estamos dispostos a desfazermo-nos dele, ou sentiremos o nosso afeto por tal artigo crescer, o que fará dele algo que nos inspira alegria. Isto não só se aplica à arrumação no plano físico, como a todas as escolhas que fazemos. Optar por guardar algo de maneira consciente, dizendo a nós próprios que escolhemos deliberadamente guardá-lo por ser o que queríamos fazer, tanto nos permite desfazermo-nos com gratidão do que já cumpriu o seu papel, como guardar e acarinhar aquilo com que realmente queremos ficar.

O nosso trabalho e a nossa vida são o resultado cumulativo das nossas escolhas passadas. O que quer que aconteça é resultado de decisões pessoais. Se algo em que está envolvido não lhe inspira alegria, lembre-se de que só chegou aqui porque, algures no passado, optou por seguir esse caminho. Partindo desta premissa, pergunte a si próprio o que quer fazer daqui em diante. Se escolher abandonar algo, faça-o com gratidão. Se escolher continuar, faça-o convictamente. Qualquer que seja a sua decisão, se for tomada de forma deliberada e confiante, contribuirá certamente para uma vida feliz.

Você Merece Um Emprego Feliz

Saber o que lhe inspira alegria no trabalho é um bom indicador para fazer o seu emprego aproximar-se do que idealizou para a sua vida profissional. Aprecie a arrumação do seu espaço de trabalho. Utilize o tempo e a energia mental suplementar que a arrumação lhe proporciona para executar as tarefas que lhe trazem mais felicidade. Aventure-se em mais projetos que o deixam feliz oferecendo-se para desempenhar funções que lhe inspirem alegria ainda que fujam ao âmbito das suas responsabilidades. Realce e conheça a fundo as atividades que lhe inspiram alegria (mesmo que tenha de levar a cabo outras atividades que não lhe inspirem). Experimente passar mais tempo com colegas que lhe trazem felicidade e faça o possível para evitar aqueles que não lhe trazem.

Se todas estas estratégias não forem suficientes para inspirar alegria no seu trabalho, é provável que precise de levar a cabo uma mudança mais substancial. Se o seu trabalho lhe inspira alegria, mas a empresa que o emprega não o fizer, pense em mudar de ares. Se os seus colegas lhe inspiram alegria, mas o seu posto de trabalho não o faz, procure candidatar-se a um cargo mais adequado no seio da mesma organização. Se acredita que esgotou o que determinada carreira profissional tinha para lhe oferecer, considere uma mudança de ramo. Aconselha-se, contudo, que use de certa prudência. A galinha da vizinha parece sempre melhor que a minha e, por norma, costuma haver muito potencial por explorar e alegrias por descobrir no seu emprego atual.

Quer decida manter o seu posto ou demitir-se, não fique preso ao passado («Sempre foi assim que trabalhei») nem tenha medo do futuro («Que mais posso fazer, se só sei fazer isto?»). A forma como leva a cabo o seu emprego atual poderá parecer-lhe cómoda ou conveniente, mas se deixou de lhe inspirar alegria, está na altura de agir. Com uma consciência profunda da vida laboral que idealizou e da forma como a poderá tornar realidade, estará preparado para dar o próximo passo na sua carreira com as prioridades certas em mente.

S. S.

Manter o Equilíbrio Entre a Vida Profissional e Pessoal

A nossa vida de casal mudou completamente quando nos tornámos pais. Antes do nascimento da minha primeira filha, este era o estilo de vida que idealizava: acordar revigorada de manhã, vestir-me e preparar o pequeno-almoço antes de as crianças acordarem. Desempenharia as minhas funções profissionais durante o dia com tal diligência e eficácia que me sobraria muito tempo para brincar com as crianças. À noite, trataria de cozinhar o jantar, dedicando todo o meu amor e afeto à sua confeção, e depois teríamos tempo para o saborear em família. Antes de ir para a cama, poderia praticar ioga e relaxar antes de adormecer, serena, com uma agradável sensação de cansaço. E, como é evidente, a minha casa estaria sempre impecavelmente arrumada!

Este era o cenário que idealizava, mas a vida não é assim tão simples. Depois de dar à luz, fiquei sem tempo e sem espaço emocional para mim. A bitola das minhas expectativas e aspirações foi baixando até atingir um ponto em que já ficava satisfeita por ser capaz de escovar os dentes antes de ir para a cama e de saber que as crianças tinham sobrevivido a mais um dia. Os bebés acordam muitas vezes durante a noite e bem cedo pela manhã, pelo que nunca conseguia dormir o suficiente. Sentia-me exausta, a minha capacidade de concentração caiu a pique e não conseguia fazer o meu trabalho nem as tarefas domésticas em tempo útil. Esforçava-me por manter a casa limpa e arrumada, mas as miúdas tratavam de despejar um saco de sal no chão ou de abrir gavetas e espalhar todas as minhas ferramentas de escrita, cuidadosamente organizadas em compartimentos próprios, por toda a parte. Por muito que arrumasse, a casa voltava rapidamente a um estado crónico de balbúrdia.

Um dia decidi ensinar as minhas filhas a dobrar a roupa, o que as levou a tirar tudo o que eu arrumara nas gavetas, «dobrar» tudo de novo e voltar a guardar cada peça onde bem entenderam. Como é evidente, aos seus olhos tinham feito um trabalho perfeito, mas claro que eu era de outra opinião! Eu sei que elas queriam apenas tentar dobrar a roupa sozinhas, mas na altura não consegui achar piada nenhuma à situação. O facto de lhes ter ralhado com severidade serviu apenas para mais tarde me fustigar mentalmente pela minha evidente falta de paciência. É claro que esta situação não me inspirou qualquer alegria. As coisas só voltaram a acalmar com o início da escola.

Cuidar de crianças que estão a dar os seus primeiros passos pode ser uma tarefa muito difícil, mas ensinou-me uma lição valiosa: não aspire a ter tudo impecavelmente arrumado quando tem filhos pequenos. Fiz sempre questão de manter algumas zonas pessoais devidamente arrumadas, garantindo, por exemplo, que as gavetas do escritório estavam sempre ordenadas e que arrumava sempre o roupeiro de forma que me inspirasse alegria. Quando há crianças por perto, temos menos controlo sobre muitos dos aspetos que compõem a nossa vida quotidiana. É precisamente por isso que importa garantir que os espaços que podemos controlar nos inspirem alegria. Criar um espaço, mesmo que seja o único espaço, que nos inspire alegria sempre que nele entramos pode provocar uma mudança radical na forma como nos sentimos.

É muito comum que as pessoas que se dedicam a cuidar de crianças se sintam assoberbadas. Recebo muitas cartas de pais que trabalham a pedir-me conselhos. Uma das perguntas mais frequentes é: «Como posso manter um equilíbrio saudável entre a vida profissional e a vida pessoal?» A essa pergunta, respondo sempre com esta sugestão: «Comece por projetar o que seria para si o equilíbrio ideal entre vida profissional e pessoal.»

Como referi anteriormente, quando eu e Takumi tivemos as nossas filhas, o nosso equilíbrio entre casa e trabalho mudou radicalmente. Tornou-se objetivamente impossível trabalhar pela noite dentro, porque precisávamos de tempo e de energia para dedicar às nossas filhas. Como não podíamos continuar a viver de acordo com o nosso estilo de vida de antes, começámos a debater juntos qual seria o equilíbrio entre vida profissional e pessoal que nos deixaria felizes.

No nosso caso, decidimos dar prioridade a nós enquanto indivíduos e à nossa família, e programámos o nosso trabalho em torno dessa ideia. Como é compreensível, isto implicou rejeitar mais projetos do que era habitual, mas declinámos esses convites com gratidão, agradecendo a quem nos contactava e exprimindo a nossa esperança de que no futuro as circunstâncias nos permitissem vir a colaborar. Isto possibilitou-nos recarregar baterias, o que por sua vez nos ajudou a manter a concentração de forma mais eficaz no desempenho de cada tarefa. Ao traçar objetivos para tarefas específicas em intervalos de, por exemplo, uma hora, aprendemos a concentrar-nos de forma intensa no nosso trabalho em períodos reduzidos de tempo e a obter resultados de forma mais imediata.

A minha abordagem no que diz respeito ao equilíbrio entre a vida profissional e pessoal é a mesma que a minha abordagem no que concerne à arrumação. Comece por projetar o que idealiza, identifique e preze aquilo que lhe inspira alegria e desfaça-se com gratidão de tudo o que não o fizer. Se sentir que algo não bate certo na atual relação entre a sua vida privada e profissional, experimente perguntar a si próprio como seria o equilíbrio perfeito e reavalie a forma como quer investir o seu tempo com base nos três passos que descrevi para organizar o trabalho enquanto casal, nas páginas 193-194.

A Alegria no Trabalho Inspira Alegria na Vida

«O meu trabalho não me proporciona qualquer tipo de influência social. Trabalho apenas para ganhar a vida. A própria ideia de o trabalho poder inspirar alegria parece-me totalmente alheia.»

Estas palavras foram proferidas por uma das minhas clientes, mas eu acredito profundamente que qualquer pessoa pode fazer com que o seu trabalho lhe inspire alegria.

Teria cinco anos quando decidi perguntar à minha mãe, que era dona de casa: «Porque é que pareces sempre tão feliz quando estás a arrumar a casa?»

Com um sorriso, ela respondeu: «Arrumar a casa é um trabalho muito importante. Cozinho refeições e mantenho tudo em ordem para que o teu pai se possa dedicar a fundo ao seu trabalho e para que tu possas ir à escola e ter uma vida saudável. Parece-me um contributo muito valioso para com a sociedade, não te parece? É por isso que gosto tanto do que faço!» O que ela me disse nesse dia mostrou-me a absoluta maravilha que é ocuparmo-nos de tarefas domésticas. E também me serviu para perceber que as pessoas contribuem para a sociedade de muitas maneiras diferentes.

Arrumar pode tornar-nos conscientes do papel vital que cada coisa desempenha na nossa vida quotidiana. Não precisamos apenas de chaves de fendas, mas também de parafusos, por muito pequenos que sejam. Tudo, por muito insignificante que nos pareça, cumpre uma função e funciona em coordenação com outros objetos que criam e dão suporte à casa.

O mesmo pode ser dito do nosso trabalho. Todos os empregos são essenciais. Não precisa de ser um emprego de encher o olho. Reflita um pouco sobre aquilo a que se dedica. De que forma contribui para a empresa como um todo? E que contributo traz à sociedade? Encontrar significado nas nossas tarefas diárias confere valor ao trabalho que desenvolvemos e isso deixa-nos felizes. Nesse aspeto, a atitude com que encaramos o nosso trabalho é muito mais importante do que a natureza do trabalho em si. Quando estamos felizes e transmitimos boas sensações ao trabalhar, em lugar de nos mostrarmos tensos e irascíveis, exercemos uma influência positiva em quem nos rodeia. Quantas mais pessoas forem assim, maior será o fluxo de energia positiva e a correspondente mudança no mundo. Se irradiar uma energia jubilante enquanto trabalha, essa alegria será, por si só, um contributo para a sociedade.

Por isso, diga-me: sente prazer no que faz?

Que tipo de vida profissional pretende ter?

Estou convencida que arrumar não só é o primeiro passo, como o mais eficaz, para conseguir concretizar a sua visão de uma carreira profissional feliz. Esperamos que experimente algumas das soluções aqui propostas para arrumar tudo, desde a tralha física ao tempo, das redes de trabalho aos processos de decisão. Comece por arrumar o seu espaço de trabalho e, de seguida, dedique-se às suas paixões. A alegria no trabalho inspira alegria na vida.

Os Agradecimentos de Marie

Em entrevistas, é habitual os jornalistas dizerem-me: «Imagino que tudo na sua vida lhe inspire alegria.» Durante muitos anos fui incapaz de assumir que, na verdade, isso nem sempre sucede na minha vida profissional.

Arrume a Sua Casa, Arrume a Sua Vida foi publicado pela primeira vez no Japão em 2010. Na altura tinha vinte e tal anos e, lá no fundo, estava convencida que, por a minha mensagem ter tudo que ver com inspirar alegria através da arrumação, eu teria de ser sempre a Marie Feliz, sempre transbordante de alegria. A vida profissional que idealizava passava por renunciar a quaisquer trabalhos aborrecidos que não me inspirassem alegria e escolher apenas aqueles de que gostava e que se revelassem uma fonte instantânea de alegria. Achava que todos os momentos da vida laboral tinham de ser divertidos.

Enquanto estava a escrever e a promover o meu livro, sentia-me realmente muito feliz. Ser entrevistada para revistas e canais de televisão e falar para plateias lotadas eram situações novas e interessantes para mim e era entusiasmante ver as vendas do livro subir a cada dia que passava. Mas isto só durou até se tornar impossível chegar mais longe contando apenas com o fruto do meu trabalho.

As vendas de livros continuavam a subir, superando um milhão de exemplares e, mais tarde, dez milhões. O Método KonMari chegou a outras partes do mundo. Fui eleita como uma das 100 pessoas mais influentes do mundo pela revista *Time*, mudei-me para os Estados Unidos, fundei a nossa empresa, apresentei uma série na Netflix que chegou a 190 países e até tive a oportunidade de percorrer as passadeiras vermelhas dos Óscares da Academia e dos Emmys. Contudo, à medida que os meus contactos se iam multiplicando e o trabalho que me era confiado começou a exceder a minha vontade e capacidade, a pressão e o stresse acumulados fizeram com que a minha vida profissional passasse a ter momentos que não me inspiravam qualquer alegria.

Aos poucos, fui aprendendo a gerir esta situação e hoje em dia sinto-me muito mais cómoda no papel de figura pública. Contudo, para chegar a este ponto, tive de superar muitos desafios pelo caminho – incluindo na minha relação com terceiros – e de aprender a aceitar a diferença entre a realidade e o que idealizava. Escrever este livro deu-me a oportunidade de refletir sobre este percurso, de reavaliar altos e baixos e erros que cometi, relembrando-me que o trabalho não é apenas uma forma de sustentar a minha família e de contribuir para o bem comum da sociedade, mas também uma via de crescimento e desenvolvimento pessoal.

Ao longo da última década, tornei-me muito mais consciente do valor de colaborar com outras pessoas. Antes, pensava que o sucesso era algo que teria de alcançar sozinha. Hoje, contudo, sinto-me emocionada e grata por contar com tantos colaboradores fabulosos: os nossos funcionários no Japão e nos Estados Unidos, os parceiros de negócios que trabalham connosco em diversos projetos, os consultores KonMari que trabalham ativamente por todo o mundo e os fãs do Método KonMari que abraçaram de corpo e alma a nossa filosofia. Apesar de ter chegado tarde, tenho aprendido «enquanto trabalho» que os êxitos profissionais são construídos com base em esforços conjuntos e com a colaboração dos demais.

A missão da nossa empresa é organizar o mundo – ajudar tantas pessoas quanto nos for possível a arrumar e a optar pelo que lhes inspira alegria para que as suas próprias vidas lhes inspirem alegria. Queremos que esta visão chegue aos quatro cantos do mundo. Este objetivo pode parecer impossível de realizar, mas é com toda a seriedade que nos propomos a isso. Tal como passei duas décadas a desenvolver o Método KonMari para resolver as dificuldades associadas à arrumação, é nossa intenção desenvolver esforços para realizar esta visão, passo a passo, durante o tempo que for necessário. *Crie Alegria no Seu Trabalho* representa um passo importante na concretização desse sonho.

Sinto-me profundamente grata a todas as pessoas envolvidas neste projeto, incluindo ao meu coautor, Scott, à nossa editora, Tracy, e ao nosso agente, Neil, assim como a todos os clientes que partilharam as suas histórias relacionadas com a arrumação; ao meu marido, Takumi, cujo diligente apoio profissional e pessoal tem um valor inestimável; e à minha família. Desejo a todos vós, que decidiram ler este livro, uma vida profissional que vos inspire alegria. Saber que tudo o que eu e Scott partilhámos nestas páginas vos ajudou a concretizar esse objetivo deixar-me-ia muito feliz.

Os Agradecimentos de Scott

Com tanto tempo e energia que dedicamos ao trabalho, este pode e deve ser uma fonte de alegria nas nossas vidas. Espero que a investigação, as histórias e as orientações que partilhámos consigo neste livro o ajudem a concretizar as mudanças profissionais e pessoais que merece. Quando Marie me contactou pela primeira vez para conhecer melhor o meu percurso e trabalho, nunca pensei que viéssemos a colaborar para escrever este livro – e, ao fazê-lo, a ajudar tantas pessoas a ter mais felicidade, valor, controlo e, muito simplesmente, sanidade nos seus trabalhos. Para alguém que passou praticamente duas décadas a investigar, informar e ensinar pessoas sobre como melhorar as condições de trabalho, este projeto é um sonho tornado realidade. Agradeço sinceramente a Marie por ter decidido fazer esta viagem comigo.

Tenho muitas pessoas a agradecer pela ajuda que me foi dada. Em primeiro lugar, agradeço à minha esposa, Randi. A sua sabedoria e os seus conselhos contribuíram para melhorar cada palavra que escrevi – e o seu apoio e alento não só me permitiram concluir este livro, como desfrutar do processo de escrita. Tê-la a meu lado durante esta experiência fez com que nos tornássemos ainda mais próximos – e isso é algo que perdurará muito além destas páginas.

Contei com duas fantásticas assistentes de investigação, Amber Szymczyk e Jessica Yi, que encontraram as pessoas indicadas para entrevistar, contribuíram com exemplos esclarecedores e ainda organizaram várias intervenções de ensaio. Agradeço ainda a Kristen Schwartz por ter referenciado estudos muito úteis e a Derren Barken por ter partilhado as suas reflexões sobre arrumação digital.

Adam Grant foi o intermediário que apresentou o meu trabalho à equipa de Marie.

Todos os livros precisam de um patrono e o meu agente, Richard Pine, assumiu esse papel com toda a destreza. Além dos seus comentários generosos que me ajudaram a aprofundar ideias e revisões que ajudaram a torná-las mais claras, este livro jamais teria chegado ao fim sem o seu apurado discernimento e conselhos precisos.

Agradeço profundamente a Tracy Behar e a toda a equipa Little, Brown Spark: Jess Chun, Jules Horbachevsky, Sabrina Callahan, Lauren Hesse e Ian Straus. O olhar editorial atento de Tracy e a sua infinita paciência permitiram levar este livro até à – e além da – linha de chegada.

Sinto-me incrivelmente afortunado por contar com o apoio dos meus colegas da Universidade Rice. Mikki Hebl e Claudia Kolker contribuíram com comentários inestimáveis sobre o manuscrito e Jon Miles fez apreciações essenciais sobre a questão do trabalho em equipa. Sinto-me igualmente grato pelo apoio da direção da escola de comércio, em especial na pessoa do reitor Peter Rodriguez e de toda a equipa de *marketing*, incluindo Kathleen Clark, Kevin Palmer e Weezie Mackey. Um agradecimento especial a Laurel Smith e a Saanya Bhargava pelo apoio nas redes sociais e a Jeff Falk pela assistência prestada na publicidade. Nada me inspira mais alegria do que ter colegas tão admiráveis.

Notas

CAPÍTULO 1: PORQUÊ ARRUMAR?
p. 20
  90% declarou que a falta de arrumação tinha um impacto negativo: OfficeMax (2011). *2011 Workspace Organization Survey.* http://multivu.prnewswire.com/mnr/officemax/46659/docs/46659-NewsWorthy_Analysis.pdf (consultado a 23/03/20).
p. 20
  estar rodeado de objetos em excesso leva a um aumento dos índices de cortisol: Saxbe, D. E., & Repetti, R. (2010). No place like home: Home tours correlate with daily patterns of mood and cortisol. *Personality and Social Psychology Bulletin* 36(1), 71-81.
p. 20
  um ambiente desarrumado sobrecarrega o cérebro: Kastner, S., & Ungerleider, L. G. (2000). Mechanisms of visual attention in the human cortex. *Annual Review of Neuroscience* 23, 315-41.
p. 21
  mais de metade dos trabalhadores de escritório declaram perder: Brother International (2010). White paper: *The Costs Associated with Disorganization.* http://www.brother-usa.com/ptouch/meansbusiness.pdf (accessed 10/9/17).
p. 24
  vários estudos dedicados à avaliação de funcionários no local de trabalho: Morrow, P. C., & McElroy, J. C. (1981). Interior office design and visitor response: A constructive replication, *Journal of Applied Psychology* 66(5), 646-50; Campbell, D. E. (1979).

Interior office design and visitor response. *Journal of Applied Psychology* 64(6), 648-53.

p. 25

um ambiente de trabalho desarrumado é mais propício ao desenvolvimento de ideias criativas: Vohs, K. D., Redden, J. P., & Rahinel, R. (2013). Physical order produces healthy choices, generosity, and conventionality, whereas disorder produces creativity. *Psychological Science* 24(9), 1860-67.

p. 27

quanto mais coisas temos à nossa volta, mais sobrecarregado fica o nosso cérebro: Kastner, S., & Ungerleider, L. G. (2000). Mechanisms of visual attention in the human cortex. *Annual Review of Neuroscience* 23, 315-41.

p. 27

perdemos a sensação de controlo: Belk, R., Yong Seo, J., & Li, E. (2007). Dirty little secret: Home chaos and professional organizers. *Consumption Markets & Culture* 10, 133-40.

p. 27

quando as pessoas sentem que não têm controlo sobre uma determinada situação, tendem a acumular mais tralha: Raines, A. M., Oglesby, M. E., Unruh, A. S., Capron, D. W., & Schmidt, N. B. (2014). Perceived control: A general psychological vulnerability factor for hoarding. *Personality and Individual Differences* 56, 175-79.

p. 28

têm cerca de 199 *e-mails* por abrir: Workfront (2017 –2018). *The State of Enterprise Work Report: U.S. Edition.* https://resources.workfront.com/ebooks-whitepapers/2017-2018-state-of-enterprise-work-report-u-s-edition (consultado a 30/03/20).

p. 28

perde tempo a responder a *e-mails* perfeitamente escusados: Deal, J. J. (2015). White paper: *Always On, Never Done? Don't Blame the Smartphone.* Center for Creative Leadership.

p. 29

perda anual de 420 dólares por funcionário: https://www.centrify.com/resources/5778-centrify-password-survey-summary/ (consultado a 30/03/20).

p. 29

o funcionário de escritório desperdiça em média duas horas e trinta e nove minutos: Erwin, J. (2014, May 29). Email overload is costing you billions – Here's how to crush it. *Forbes*.

p. 29

insatisfeita com as reuniões na empresa: Perlow, L. A., Hadley, C. N., & Eun, E. (2017, julho-agosto). Stop the meeting madness. *Harvard Business Review*. https://hbr.org/2017/07/stop-the-meeting-madness. (consultado a 30/03/20).

p. 29

pode superar os 399 mil milhões de dólares anuais: https://en.blog.doodle.com/state-of-meetings-2019 (consultado a 30/03/20).

CAPÍTULO 2: SE VOLTA SEMPRE A CAIR NA DESARRUMAÇÃO

p. 45

as emoções negativas têm um impacto mais pronunciado: Averill, J. R. (1980). On the paucity of positive emotions. In Blankstein, K. R., Pliner, P., Polivy, J. (Eds.), *Assessment and Modification of Emotional Behavior. Advances in the Study of Communication and Affect,* vol. 6. Springer, Boston, MA.

CAPÍTULO 3: ARRUMAR O SEU ESPAÇO DE TRABALHO

p. 71

fotografar uma lembrança: Winterich, K. P., Reczek, R. W., & Irwin, Julie R. (2017). Keeping the memory but not the possession: Memory preservation mitigates identity loss from product disposition. *Journal of Marketing* 81(5), 104-20.

CAPÍTULO 4: ARRUMAR O TRABALHO DIGITAL

p. 84
as pessoas continuam a preferir encontrar documentos através da navegação por pastas: Bergman, O., Whittaker, S., Sanderson, M., Nachmias, R., & Ramamoorthy, A. (2010). The effect of folder structure on personal file navigation. *Journal of the American Society for Information Science and Technology* 61(12), 2426-41.

p. 88
um trabalhador de escritório costuma dedicar metade do dia de trabalho: Dewey, C. (3 de outubro, 2016,). How many hours of your life have you wasted on work email? Try our depressing calculator. *Washington Post*.

p. 88
o *e-mail* prejudica o seu desempenho no trabalho: Workfront (2017-2018). *The State of Enterprise Work Report: U.S. Edition*. https://resources.workfront.com/ebooks-whitepapers/2017-2018-
-state-of-enterprise-work-report-u-s-edition (consultado a 30/03/20).

p. 88
quanto mais tempo se passa a consultar o *e-mail*, maior a quebra na produtividade: Mark,G., Iqbal, S. T., Czerwinski, M., Johns, P., Sano, A., & Lutchyn, Y. (maio de 2016). Email duration, batching and self-interruption: Patterns of email use on productivity and stress. In *Proceedings of the 2016 CHI Conference on Human Factors in Computing Systems* (1717-28). New York: ACM Press.

p. 89
três maneiras diferentes de gerir o *e-mail*: Whittaker, S., and Sidner, C. (1996). Email overload: Exploring personal information management of email. *Proceedings of CHI'96*, ACM Press, 276-83.

p. 89
a interrupção provocada por um único *e-mail* pode implicar uma demora de cerca de 26 minutos: Iqbal, S. T. and Horvitz, E. (2007). Disruption and recovery of computing tasks: Field study, analysis, and directions. In *Proceedings of the SIGCHI Conference*

on *Human Factors in Computing Systems*. Nova Iorque: Association for Computing Machinery.

p. 89
difícil encontrar mensagens e etiquetar devidamente os *e-mails*: Bälter, O. (2000). Keystroke level analysis of email message organization. In *Proceedings of the CHI 2000 Conference on Human Factors in Computing Systems*. Nova Iorque: ACM Press.

p. 89
mais do que vinte pastas: *Ibid.*, 105-12.

p. 95
em média, usamos o *smartphone* cerca de 85 vezes por dia: Andrews, S., Ellis, D. A., Shaw, H., & Piwek, L. (2015). Beyond self-report: Tools to compare estimated and real-world smartphone use. *PloS One* 10(10), e0139004.

p. 95
a mera presença de um *smartphone* na secretária pode conduzir a um pior desempenho: Ward, A. F., Duke, K., Gneezy, A., & Bos, M. W. (2017). Brain drain: The mere presence of one's own smartphone reduces available cognitive capacity. *Journal of the Association for Consumer Research* 2(2), 140-54.

p. 95
piores eram os resultados obtidos nos testes: Glass, A. L. & Kang, M. (2018). Dividing attention in the classroom reduces exam performance. *Educational Psychology, 39*(3): 395-408.

p. 96
levam o telemóvel consigo sempre que vão à casa de banho: https://www.bankmycell.com/blog/cell-phone-usage-in-toilet-survey#jump1 (consultado a 30/03/20).

CAPÍTULO 5: ARRUMAR O TEMPO

p. 102
passamos menos de metade do dia de trabalho a desempenhar as nossas principais funções: Workfront (2017-2018). *The State of*

Enterprise Work Report: U.S. Edition. https://resources.workfront.com/ebooks-whitepapers/2017-2018-state-of-enterprise-work-report-u-s-edition (consultado a 30/03/20).

p. 103

Sobrevencimento: Hsee, C. K., Zhang, J., Cai, C. F., & Zhang, S. (2013). Overearning. *Psychological Science* 24(6), 852-59.

p. 104

metade das atividades de um executivo têm uma duração inferior a nove minutos: Mintzberg, H. (1973). *The Nature of Managerial Work*. Nova Iorque: Harper and Row.

p. 104

supervisor de produção numa fábrica desempenha em média cerca de 583 ações distintas: Guest, R. H. (1956). Of time and the foreman. *Personnel* 32, 478-86.

p. 104

apenas um período ininterrupto de um mínimo de meia hora por dia: Stewart, R. (1967). *Managers and Their Jobs*. Londres: Macmillan.

p. 104

mais de 50% dos trabalhadores se sintam sobrecarregados: ABC News. *Study: U.S. Workers Burned Out*. http://abcnews.go.com/US/story?id=93295&page=1 (consultado a 30/03/20).

p. 106

vulneráveis perante falsas urgências: Zhu, M., Yang, Y., & Hsee, C. K. (outubro de 2018). The mere urgency effect. *Journal of Consumer Research* 45(3), 673-90.

p. 107

leva à redução da produtividade em cerca de 40%: http://www.apa.org/research/action/multitask.aspx (consultado a 30/03/20).

p. 107

alternar rapidamente entre várias tarefas: Mark, G., Iqbal, S. T., Czerwinski, M., Johns, P., & Sano, A. (maio de 2016). Neurotics can't focus: An in situ study of online multitasking in the workplace. In *Proceedings of the 2016 CHI Conference on Human*

Factors in Computing Systems (1739-44). Nova Iorque: ACM Press.

p. 107
os *multitaskers* não têm uma capacidade de concentração muito desenvolvida: Ophir, E., Nass, C., & Wagner, A. D. (2009). Cognitive control in media multitaskers. *Proceedings of the National Academy of Sciences of the United States of America* 106(37), 15583-87.

p. 107
as desvantagens do *multitasking* multiplicam-se com o aumento do nível de dificuldade de determinada tarefa: Rubinstein, J. S., Meyer, D. E., & Evans, J. E. (2001). Executive control of cognitive processes in task switching. *Journal of Experimental Psychology: Human Perception and Performance* 27(4), 763.

p. 107
serem incapazes de resistir a distrações: Sanbonmatsu, D. M., Strayer, D. L., Medeiros-Ward, N., & Watson, J. M. (2013). Who multi-tasks and why? Multi-tasking ability, perceived multi-tasking ability, impulsivity, and sensation seeking. *PloS One* 8(1), e54402.

p. 108
ler texto em papel nos leva a considerar de forma mais ponderada o que está escrito: Mangen, A. (2017). Textual reading on paper and screens. In A. Black, P. Luna, O. Lund, & S. Walker (Eds.), *Information Design: Research and Practice* (275 –89). Nova Iorque: Routledge.

p. 114
sentimo-nos mais autorizados a recusar: O'Brien, Katharine Ridgway. "Just Saying 'No': An Examination of Gender Differences in the Ability to Decline Requests in the Workplace." PhD diss., Rice University, 2014. https://hdl.handle.net/1911/77421 (consultado a 30/03/20).

p. 115
trabalho nos parece mais gratificante: Wrzesniewski, A., & Dutton, J. E. (2001). Crafting a job: Revisioning employees as active

crafters of their work. *Academy of Management Review* 26(2), 179-201.

p. 115

para conseguirmos fazer mais, por vezes precisamos de trabalhar menos: Jett, Q. R., & George, J. M. (2003). Work interrupted: A closer look at the role of interruptions in organizational life. *Academy of Management Review* 28(3), 494-507.

p. 115

os períodos de inatividade ajudam-nos a sermos mais criativos: Csikszentmihalyi, M., & Sawyer, K. (1995). Creative insight: The social dimension of a solitary moment. In R. J. Sternberg & J. E. Davidson (Eds.), *The Nature of Insight* (pp. 329-63). Cambridge, MA: MIT Press.

p. 116

novas formas de resolver problemas: Elsbach, K. D., & Hargadon, A. B. (2006). Enhancing creativity through "mindless" work: A framework of workday design. *Organization Science* 17(4), 470-83.

CAPÍTULO 6: ARRUMAR DECISÕES

p. 118

milhares de decisões por dia: https://go.roberts.edu/leadingedge/the-great-choices-of-strategic-leaders (consultado a 30/03/20).

p. 118

apenas nos lembremos de cerca de setenta dessas decisões: https://www.ted.com/talks/sheena_iyengar_choosing_what_to_choose/transcript (consultado a 30/03/20).

p. 121

toma o mesmo pequeno-almoço todas as manhãs: https://www.entrepreneur.com/article/244395 (consultado a 30/03/20).

p. 125

as pessoas podem sentir-se de tal modo assoberbadas com o excesso de opções: Iyengar, S. S., & Lepper, M. R. (2000). When choice is demotivating: Can one desire too much of a good thing? *Journal of Personality and Social Psychology* 79(6), 995-1006.

p. 126
outras maneiras simples de ordenar possíveis escolhas: Scheibehenne, B., Greifeneder, R., & Todd, P. M. (2010). Can there ever be too many options? A metaanalytic review of choice overload. *Journal of Consumer Research* 37(3), 409-25.

p. 126
se não tiver preferências claramente definidas, ter demasiadas opções em aberto pode revelar-se avassalador: Chernev, A. (2003). Product assortment and individual decision processes. *Journal of Personality and Social Psychology* 85(1), 151-62.

p. 127
demasiado vinculado à solução encontrada: Staw, B. M. (1981). The escalation of commitment to a course of action. *Academy of Management Review* 6(4), 577-87.

CAPÍTULO 7: ARRUMAR A SUA REDE DE CONTACTOS

p. 131
mais difícil se torna estreitar relações: Roberts, G. B., Dunbar, R. M., Pollet, T. V., & Kuppens, T. (2009). Exploring variation in active network size: Constraints and ego characteristics, *Social Networks* 31(2),138-46.

p. 131
150 relações pessoais com certa intimidade: Hill, R. A. & Dunbar, R. I. (2003). Social network size in humans. *Human Nature* 14, 53-72.

p. 132
a maior parte dos contactos eficazes ocorrem entre um pequeno subconjunto dessa rede: https://arxiv.org/abs/0812.1045 (consultado a 30/03/20).

p. 132

quanto mais tempo passamos nas redes sociais, menos felizes nos sentimos: Kross, E., Verduyn, P., Demiralp, E., *et al.* (14 de Agosto, 2013). Facebook use predicts declines in subjective well-being in young adults. *PLoS One, 8*(8): e69841; Lee, S. Y. (março de 2014). How do people compare themselves with others on social network sites?: The case of Facebook. *Computers in Human Behavior* 32, 253-60.

p. 137

entre duas pessoas que se querem bem: Stephens, J. P., Heaphy, E., & Dutton, J. E. (2011). High-quality connections. In *The Oxford Handbook of Positive Organizational Scholarship* (385-99); Dutton, J. E. (2006). *Energize Your Workplace: How to Create and Sustain High-Quality Connections at Work.* John Wiley & Sons.

p. 137

estabelecer relações de qualidade... tem muitas vantagens: Dutton, J. E. (2014). Build high-quality connections. In Dutton, J. E., & Spreitzer, G. M. (Eds.), *How to Be a Positive Leader: Small Actions, Big Impact* (pp. 11-21). São Francisco: Berrett-Koehler Publishers.

p. 139

aprofundar as nossas ideias e estimular a criatividade: Mainemelis, C., & Ronson, S. (2006). Ideas are born in fields of play: Towards a theory of play and creativity in organizational settings. *Research in Organizational Behavior* 27, 81-131.

CAPÍTULO 8: ARRUMAR REUNIÕES

p. 141

satisfação que um trabalhador sente a respeito do seu trabalho depende da satisfação proporcionada pelas reuniões: Rogelberg, S. G., Allen, J. A., Shanock, L., Scott, C. & Shuffler, M. (2010). Employee satisfaction with meetings: A contemporary facet of job satisfaction. *Human Resource Management* 49(2), 149-72.

p. 141
um dos maiores obstáculos à nossa produtividade: Workfront (2017-2018). *The State of Enterprise Work Report: U.S. Edition.* https://resources.work front.com/ebooks-whitepapers/2017-2018--state-of-enterprise-work-report-u-s-edition (consultado a 30/03/20).

p. 141
deixam-nos esgotados do ponto de vista emocional: Lehmann-Willenbrock, N., Allen, J. A., & Belyeu, D. (2016). Our love/hate relationship with meetings: Relating good and bad meeting behaviors to meeting outcomes, engagement, and exhaustion. *Management Research Review* 39(10), 1293-1312.

p. 146
justificar uma determinada ação… pode melhorar as suas perspetivas: Langer, E. J., Blank, A., & Chanowitz, B. (1978). The mindlessness of ostensibly thoughtful action: The role of "placebic" information in interpersonal interaction. *Journal of Personality and Social Psychology* 36(6), 635-42.

p. 147
falar proporciona sentimentos de satisfação equiparáveis aos de comer ou fazer sexo Tamir, D. I., & Mitchell, J. P. (2012). Disclosing information about the self is intrinsically rewarding. *Proceedings of the National Academy of Sciences* 109(21), 8038-43.

p. 148
ocorrências de mau comportamento no contexto de uma reunião afetam muito mais a reunião: Kauffeld, S., & Lehmann-Willenbrock, N. (2012). Meetings matter: Effects of team meetings on team and organizational success. *Small Group Research* 43(2), 130-58.

p. 150
o processo de decisão torna-se mais moroso: Smith, K. G., Smith, K. A., Olian, J. D., Sims Jr, H. P., O'Bannon, D. P., & Scully, J. A. (1994). Top management team demography and process: The role of social integration and communication. *Administrative Science Quarterly* 39(3), 412-38.

p. 150

a produtividade decai: Karr-Wisniewski, P., & Lu, Y. (2010). When more is too much: Operationalizing technology overload and exploring its impact on knowledge worker productivity. *Computers in Human Behavior* 26, 1061-72.

p. 150

a própria qualidade das decisões sai prejudicada: Kerr, N. L., & Tindale, R. S. (2004). Group performance and decision making. *Annual Review of Psychology* 55, 623-55.

p. 152

participar num maior número de reuniões não se traduz num aumento de produtividade: Luong, A., & Rogel – berg, S. G. (2005). Meetings and more meetings: The relationship between meeting load and the daily well-being of employees. *Group Dynamics: Theory, Research, and Practice* 9(1), 58-67.

p. 152

reuniões «de pé»… uma vez que estas reuniões promovem ideias mais criativas e fomentam a colaboração: Knight, A. P., & Baer, M. (2014). Get up, stand up: The effects of a non-sedentary workspace on information elaboration and group performance. *Social Psychological and Personality Science* 5(8), 910-17.

p. 152

tendem a ser mais curtas: Taparia, N. (19 de junho, 2014). Kick the chair: How standing cut our meeting times by 25%. *Forbes*.

CAPÍTULO 9: ARRUMAR EQUIPAS DE TRABALHO

pp. 158-159

uma equipa de empregados de limpeza de um hospital: Wrzesniewski, A., & Dutton, J. E. (2001). Crafting a job: Revisioning employees as active crafters of their work. *Academy of Management Review* 26(2), 179-201.

p. 162
a confiança recíproca ajuda a evitar que as pessoas fiquem esgotadas: Harvey, S., Kelloway, E. K., & Duncan-Leiper, L. (2003). Trust in management as a buffer of the relationships between overload and strain. *Journal of Occupational Health Psychology* 8(4), 306.

p. 162
os esforços centram-se em objetivos individuais: Dirks, K. T. (1999). The effects of interpersonal trust on work group performance. *Journal of Applied Psychology* 84(3), 445-55.

p. 163
naquilo que é do conhecimento comum: Gigone, D., & Hastie, R. (1993). The common knowledge effect: Information sharing and group judgment. *Journal of Personality and Social Psychology* 65(5), 959-74.

p. 163
pequenas unidades de informação: Stasser, G., & Titus, W. (1985). Pooling of unshared information in group decision making: Biased information sampling during discussion. *Journal of Personality and Social Psychology* 48(6), 1467-78.

p. 164
criatividade redigida: VanGundy, A. B. (1984). Brainwriting for new product ideas: An alternative to brainstorming. *Journal of Consumer Marketing* 1(2), 67-74.

p. 165
A confiança é capaz de transformar desacordos sobre ideias em conversas produtivas: Simons, T. L., & Peterson, R. S. (2000). Task conflict and relationship conflict in top management teams: The pivotal role of intragroup trust. *Journal of Applied Psychology* 85(1), 102-11.

p. 165
disposição egocêntrica: Weingart, L. R., Brett, J. M., Olekalns, M., & Smith, P. L. (2007). Conflicting social motives in negotiating groups. *Journal of Personality and Social Psychology* 93(6), 994-1010.

p. 166
tamanho ótimo para equipas: Hackman, J. R., & Vidmar, N. (1970). Effects of size and task type on group performance and member reactions. *Sociometry*, 37-54; Hackman, J. R. (2002). *Leading Teams: Setting the Stage for Great Performances*. Harvard Business Press.

CAPÍTULO 10: PARTILHAR A MAGIA DA ARRUMAÇÃO

p. 172
a sala desarrumada acumulava o triplo da parafernália da sala arrumada: Ramos, J. & Torgler, B. (2012). Are academics messy? Testing the broken windows theory with a field experiment in the work environment. *Review of Law and Economics* 8(3), 563-77.

p. 174
Um inquérito recente, realizado junto de 2000 americanos: https://greatergood.berkeley.edu/images/uploads/Gratitude FullResults_FINAL1pdf.pdf (consultado a 30/03/20).

p. 175
demonstrações de gratidão reforçam o empenho dos funcionários: Fehr, R., Zheng, X., Jiwen Song, L., Guo, Y., & Ni, D. (2019). Thanks for everything: A quasi-experimental field study of expressing and receiving gratitude. Artigo em desenvolvimento.

CAPÍTULO 11: COMO INSPIRAR AINDA MAIS ALEGRIA NO TRABALHO

p. 190
é das más experiências que nos lembramos: Baumeister, R. F., Bratslavsky, E., Finke – nauer, C., & Vohs, K. D. (2001). Bad is stronger than good. *Review of General Psychology* 5(4), 323-70.

p. 190
Centrarmos a nossa atenção em fracassos, reais ou imaginários, leva a que fracassemos no futuro: Stoeber,J.,Hutchfield,J., & Wood, K. V. (2007). Perfectionism, self-efficacy, and aspiration level: Differential effects of perfectionistic striving and self-criticism after success and failure. *Personality and Individual Differences* 45(4), 323-27.

Rua Prof. Jorge da Silva Horta, n.º 1
1500-499 Lisboa | Portugal
Tel. (+351) 217 626 000

www.pergaminho.pt